Inhaltsverzeichnis

Abbildungsverzeichnis

Vorwort

Die vergangenen Wahlen in den Mitgliedsstaaten der EU haben gezeigt, dass die Migrationsbewegungen der vergangenen Jahre (insbesondere in 2015) den Rechtspopulisten massiv genutzt haben – ob den Rechtsparteien unfreiwillige Wahlgeschenke von den konservativen Parteien gemacht wurden, in dem diese die Rhetorik der Populisten zum Teil übernahmen, kann nicht beurteilt werden. Die Wahlen in Italien haben 2018 zudem gezeigt, dass dort, wo große wirtschaftliche Not (Jugendarbeitslosigkeit) herrscht, das rechte Lager ebenso wie eher linke Populisten zusätzlich profitieren. In Deutschland wird der Niedergang der Sozialdemokratie häufig mit deren Verabschiedung der Hartz IV-Gesetze begründet. Eigentlich paradox, hat sich die Zahl der betroffenen *deutschen* Hartz IV-Empfänger seit der Verabschiedung der Reform halbiert. Zugleich sank aber der Stimmenanteil der SPD bei der Bundestagswahl von 34,2% (2005) auf 20,5% (2017)[1]. Der Wählerverlust übertrifft die Zahl der Sozialhilfe-Empfänger bei weitem. Eine Bestrafung der SPD direkt nach der Verabschiedung der Gesetze wäre verständlich gewesen, aber jetzt in Zeiten der Vollbeschäftigung bei immer weniger wahlberechtigten Beziehern? Offenbar fühlen viele eine Ungerechtigkeit. Denn trotz erwähnter Vollbeschäftigung fühlen sich immer mehr abgehängt.

Statt mit einfachen Schlagworten zu argumentieren „die Reichen werden immer reicher, die Armen immer ärmer" oder „Verteilungskampf der Armen" (Stichwort „Essener Tafel"[2]), erscheint es sinnvoll die komplexe Thematik mit belastbaren Zahlen darzustellen und sodann Zusammenhänge aufzuzeigen. Fast jedem Deutschen ist beispielsweise der Immobilienpreisanstieg der vergangenen Jahre bewusst. Dass dieser dem Staat gleichzeitig nützt (Verdreifachung der Einnahmen aus Grunderwerbssteuer) ist jedoch kaum bekannt. Bekannter ist ein wesentlicher Grund des Immobilienpreisanstieges: Die Nullzinspolitik sowie – weniger bewusst - die starke Zuwanderung von EU-Bürgern. Der Masse weniger bewusst ist, dass

---

[1] https://www.bundestag.de/parlament/wahlen/ergebnisse_seit1949-244692
[2] https://www.waz.de/staedte/essen/tafel-chef-joerg-sartor-die-deutsche-oma-ist-wieder-da-id214870979.html

die Niedrigzinspolitik massiv dem Staat hilft. Er zahlt heute weitaus weniger Zinsen für seine Schulden als vor einigen Jahren, während das Sparbuch als Folge der Inflation real an Wert verliert. Das Handelsblatt hat für die Haushalte der Euro-Staaten für den Zeitraum 2008 bis 2017, also ab Beginn der Finanzkrise bis vergangenes Jahr, eine Gesamtersparnis von unvorstellbaren 1.149 Mrd. Euro ermittelt[3]:

	Mrd.Euro		**Mrd.Euro**
Deutschland	294,1	Portugal	14,0
Frankreich	275,3	Slowakei	4,5
Italien	216,0	Zypern	2,8
Niederlande	83,8	Slowenien	2,7
Spanien	80,5	Luxembourg	2,0
Belgien	50,5	Lettland	0,8
Griechenland	45,9	Malta	0,6
Österreich	42,6	Estland	0,5
Finnland	17,5	Litauen	0,1
Irland	15,2		
Σ			**1.149,4**

Abb. 1 Zinsersparnis der Länder der Euro-Zone 2008 bis 2017

Bezogen auf die Einwohnerzahl der Eurozone ergibt sich eine Zinsersparnis von über 3.000 Euro pro Einwohner – aber wer hat auf diese Einnahmen verzichten müssen? Sicherlich größtenteils die Bürger, die entsprechend weniger Zins als zuvor erhielten. Kritiker mögen einwenden, dass sich der Staat nicht nur bei Normalbürgern Geld leiht, sondern auch bei Vermögenden. Stimmt, aber gleichzeitig finanzieren sich auch Unternehmen so günstig wie nie zuvor. Unternehmenskredite werden häufig ebenfalls über die Spareinlagen der Sparer finanziert. Insofern dürfte der vorher genannte Wert in etwa stimmen, wobei er natürlich nur einen Durchschnittswert darstellt.

---

[3] Handelsblatt, 24.04.2018, S. 7

Dies waren die ersten Beispiele für die Umverteilung vom Bürger an den Staat bzw. an Unternehmen, die später weiter mit Zahlen unterlegt werden.

Somit kann schon hier festgestellt werden, dass sich die Mittelschicht, also das Herzstück unserer sozialen Marktwirtschaft, einem zunehmenden Druck ausgesetzt fühlt. Dieser hat dazu beigetragen, dass seit Beginn der Euro-Krise die EU nicht nur in Europa, sondern auch n Deutschland verstärkt kritisch gesehen wird. Eine Mehrheit der Bundesbürger ist ganz klar unverändert für die EU-Mitgliedschaft Deutschlands[4]. Deutsche Politiker und Volkswirte verweisen gerne darauf, dass die EU von großem Vorteil für Deutschlands sei. Die volkswirtschaftlichen Analysen zeigen einen klaren Nutzen. Wie verteilt sich aber der Nutzen, wenn man ihn nach den drei Playern Staat, Unternehmen und Bürger differenziert? Dass der Staat von der Niedrigzinspolitik profitiert, ist (s.o.) bekannt. Die Unternehmen profitieren ebenfalls von den niedrigen Zinsen sowie vom gedrückten Wechselkurs, der die Wettbewerbsfähigkeit weiter verbessert hat. Eine eigene deutsche Währung, da besteht kein Zweifel, würde wesentlich fester notieren als der Euro und somit Exporte verteuern. Denn die im Langfristvergleich noch immer bestehende Schwäche des Euros erklärt zu einem beachtlichen Teil die extrem hohen Handelsüberschüsse, die Deutschland hat und die zunehmend international (u.a. von US-Präsident Trump) kritisiert werden. Die Unternehmen profitieren zudem von den offenen Grenzen und den weitgehend einheitlichen Standards. Die Bürger profitieren im Gegenzug von den sicheren Arbeitsplätzen, wobei dieses Argument in Zeiten der Vollbeschäftigung und des Fachkräftemangels an Wert verliert. Ende 2018 gab es mit 33,9 Mio. rund 5,4 Mio. mehr sozialversicherungspflichtige Jobs als 2008, während – trotz massiver Zuwanderung von EU-Bürgern und Migranten- zugleich die Zahl der Arbeitslosen von 3,26 Mio. auf 2,34 Mio sank[5]. (2005, dem Jahr

---

[4] http://www.focus.de/politik/videos/deutsche-wollen-volksabstimmung-um-frage-in-neun-mitgliedsstaaten-jeder-dritte-fuer-einen-austritt-aus-der-eu_id_5517948.html
[5] https://de.statista.com/statistik/daten/studie/1223/umfrage/arbeitslosen-zahl-in-deutschland-jahresdurchschnittswerte/

der Einführung von „Hartz IV" waren im Jahresmittel gar 4,86 Mio. Menschen arbeitslos.) Wäre die Zahl der (offenen) Stellen um einige 100.000 niedriger als heute, wäre dies für das Gros der Beschäftigten derzeit kein Problem. Somit verpufft der Vorteil der Vollbeschäftigung für den Bürger, auch wenn sich nun die erste Rezession seit Jahren ankündet. Daher wird die Frage nach monetären Nachteilen umso wichtiger. Diese Frage soll nachfolgend beantwortet werden indem die individuellen Kosten der EU/ des Euros abgeschätzt werden. Da parallel zur EU stets auf die Vorteilhaftigkeit der offenen Grenzen/ EU-Freizügigkeit hingewiesen wird, werden diese ebenfalls auf die Nachteile für den Einzelnen beleuchtet.

Der Autor ist selber ein überzeugter Europäer, auch wenn ihn einige der „Luft"-Beschlüsse der EU irritiert haben - nach der Finanzkrise wurde beispielsweise die Halbierung der EU-Jugendarbeitslosigkeit beschlossen.

Exkurs: Lissabon-Strategie der EU

Im März 2000 beschlossen die europäischen Staats- und Regierungschefs auf einem Sondergipfel in Lissabon, die EU binnen 10 Jahren zum wettbewerbsfähigsten und dynamistischen wissensgestützten Wirtschaftsraum der Welt zu machen.

2010 musste das totale Verfehlen dieser Ziele eingestanden werden. Die F&E-Quote lag nicht wie angestrebt bei 3%, sondern fast wie zuvor bei 1,9%[6].

Der Autor wäre gerne beim Gipfel im Jahr 2000 dabei gewesen. Wie haben die Vertreter der Tech-schwachen Länder wie Griechenland damals agiert? Haben Sie betroffen zum Boden geschaut als die Strategie verabschiedet wurde oder haben sie wider besserem Wissens zugestimmt?

Wie sehr Europa zwischenzeitlich in Sachen Innovation zurückgefallen ist, zeigt die Absicht des bedeutenden norwegischen Staatsfonds künftig Europa zu meiden und stattdessen im innovativeren Amerika zu investieren.[7]

---

[6] https://de.wikipedia.org/wiki/Lissabon-Strategie
[7] https://www.handelsblatt.com/finanzen/anlagestrategie/trends/oelfonds-norwegens-staatsfonds-schichtet-in-rentable-us-aktien-um/24947038.html

Der Aspekt „Bürokratiewahn" prallt beim Autor ab. Allerdings hat er auch das vom Historiker Paul Kennedy geschriebene Buch „Aufstieg und Fall der großen Mächte" gelesen und so verstanden, dass große Nationen/ Gebilde sich „überdehnen" und in der Folge niedergehen können. Auf jeden Fall ist der Autor der Ansicht, dass jeder Einzelne selber entscheiden sollte, was er von „Europa" halten mag. Eine wesentliche Voraussetzung hierfür sind neben Emotionen Fakten. Diese sollen hier vermittelt werden.

Zum Schreiben motiviert wurde der Autor durch die Lektüre des Buches „Weltbeben". Gabor Steingart, der Verfasser des Buches und damalige Handelsblatt-Herausgeber, schrieb es als überzeugter Europäer, der trotz seiner Überzeug viele Schwachpunkte sieht.

Der ursprüngliche Buchtitel „Umverteilung als Kollateralschaden" war eine Anlehnung an den Titel „Gesellschaft als Urteil". Im gleichnamigen Buch beschreibt der französische Soziologe Didier Eribon (bekannt durch „Rückkehr aus Reims"), dass die eigene Herkunft die weitere Sozialisation maßgeblich bestimmt. Ähnliches gilt für den Normal-Bürger: Er kann der Umverteilung, sofern er in Deutschland wohnen bleibt, kaum entkommen. Der Titel „Umverteilung als Kollateralschaden" sollte zugleich jegliche Verschwörungstheorie, hinter der Umverteilung stecke Methode, zurückweisen. Grundsätzlich halte ich unsere Politiker für anständig. Gut, sie wollen wiedergewählt werden und vermeiden daher Reformen, aber nach ihrer Präferenz Wiederwahl, die Politiker auch haben um andere Ziele umsetzen zu können, folgt die Präferenz dem Bürger zu dienen.

Nach einem Gespräch mit einem Redakteur der „Welt" wurde allerdings der Titel schnell geändert. „Zu sperrig" waren seine Worte. Er hatte Recht. Hoffentlich wirkt „Umverteilung statt Wohlstand für Alle" kaufanreizender und nicht populistisch.

Im vorliegenden Buch werden die unterschiedlichsten Themenbereiche angesprochen und im Sinne des „Vernetzten Denkens", einer Disziplin die u.a. an der Hochschule St. Gallen weiterentwickelt wurde[8], miteinander verknüpft. Dem Autor geht es primär um eine ganzheitliche Betrachtung unterschiedlicher, zum Teil scheinbar nicht in Zusammenhang stehender Entwicklungen miteinander. Die jeweiligen Fachexperten haben die notwendige Verknüpfung dieser Entwicklungen bislang unterlassen.

Ein Fazit des Buches lautet: Die eigentlichen Kosten stellen nicht die Beiträge dar, die Deutschland als Netto-Zahler leistet, sondern die versteckten Kosten. Ähnlich argumentierten vormals Umweltschützer als sie neue, die Umwelt belastende Fabriken kritisierten und auf die Nicht-Beachtung der volkswirtschaftlichen Kosten hinwiesen. Dies betraf in den 70iger oder Anfang der 80iger beispielsweise den Neubau von Fabriken mit hohen Schornsteinen. Durch die unzureichende Filterung der Emissionen stieg der Profit der Betreiber auf Kosten der Allgemeinheit (Stichwort Waldsterben).

Bei der EU sind hingegen die reinen volkswirtschaftlichen Kosten recht bekannt, nicht aber die individuellen Belastungen der Bürger. Das vorliegende Buch will dies also ändern. Erwähnt wird, dass die Bertelsmann-Stiftung einen Gewinn je Bürger in Höhe von 460 Euro seit Beginn sieht. Diesen bekannten „Gewinnen" stehen versteckte bzw. unbewusste Kosten von – je nach Situation/ Lebensweise – deutlich über 1.500 Euro p.a. gegenüber, wie nachfolgend unter Verweis auf zahlreiche Quellen gezeigt und plausibilisiert wird.

Das Aufdecken der versteckten Kosten ist nicht als Ablehnung des Euros oder der EU zu verstehen. Denn statt des Preises, den wir für den Euro und die Finanzkrise zu zahlen haben, hätten wir ohne Euro einen anderen Preis zu zahlen. Ob er höher oder niedriger wäre, kann nicht beurteilt werden. Und immerhin wurden die Südländer durch die EU-Rettungsmaßnahmen erstmal stabilisiert, wenn auch nicht saniert.

---

[8] https://www.haupt.ch/Verlag/Buecher/Wirtschaft-Recht/Betriebswirtschaft/Die-Praxis-des-ganzheitlichen-Problemloesens.html

Prolog: Warum im Jahr 2000 mit der Versteigerung der UMTS-Lizenzen die große Umverteilung begann

Verteilungskämpfe gab es schon lange vor Karl Marx, sei es militärisch oder ökonomisch. Eine Umverteilung, wie wir sie heute erleben – mehr oder minder verdeckt, dafür aber umso nachhaltiger, gab es hingegen erstmals im Jahr 2000. Damals wurden im beginnenden Mobilfunk-Zeitalter die UMTS-Lizenzen für zusammen 50,8 Mrd. Euro versteigert[9]. Der seinerzeitige Finanzminister Hans Eichel erfreute sich ebenso wie die Medien und das Volk über die hohen Einnahmen.

Leider hatte kaum einer bedacht, dass der Versteigerungserlös keine Spende der Mobilfunkfirmen war, sondern in der Zukunft incl. Zinsen verdient werden müsste. Angepasst an die heutige Kaufkraft stiegen die in die künftigen Mobilfunkpreise einzukalkulierenden Kosten um rund 80 Mrd. Euro. Der Staat bekam somit sehr viel Geld, dass seine Bürger in der Folge an die Unternehmen zu erstatten hatten. Pro Bundesbürger etwa 1.000 €. Faktisch büßte eine vierköpfige Familie so mehrere Urlaube ein – nicht auf einmal, sondern in homöopathischen und somit unauffälligen Mengen. So gesehen ist es nicht verwunderlich, dass Deutschland EU-weit bei Tarif-Preisvergleichen stets am unteren Ende landet. Die deutschen Mobilfunktarife sind regelmäßig besonders teuer[10]. Dass manche afrikanische Länder über eine bessere Netzabdeckung als Deutschland verfügen, könnte zudem ein Begleiteffekt der extrem hohen Lizenzkosten sein.

Die Moral von der Geschicht': Ein Finanzminister, der eine Steuererhöhung von 1 Mrd. Euro ankündigt, wird von der Öffentlichkeit heftig kritisiert, ein Finanzminister, der dem Volk mittels verdeckter - hier sogar gewollter - Umverteilung 50 Mrd. Euro aus der Tasche zieht, hingegen gefeiert.

---

[9] https://de.wikipedia.org/wiki/Versteigerung_der_UMTS-Lizenzen_in_Deutschland
[10] http://www.spiegel.de/netzwelt/gadgets/datentarife-in-der-eu-wo-mobiles-surfen-guenstig-ist-a-1122608.html

Der Grundstein für die große Umverteilung wurde somit im Jahr 2000 gelegt.

(Apropos Moral: Der damalige Finanzminister Eichel sagte einmal in einem Fernsehinterview, dass Deutschland die Euro-Kriterien[11] eigentlich nicht erreicht hätte, er aber – ein dezenter Hinweis auf seine Cleverness – durch geschickte statistische Kniffs dies ermöglicht habe. Wenn dem wirklich so war, sollten wir uns gegenüber Griechenland, das sicherlich im größeren Umfang getrickst hat, mit allzu starker Kritik zurückhalten.)

---

[11] https://de.wikipedia.org/wiki/EU-Konvergenzkriterien

Über Jahrzehnte hat sich auf Unternehmensebene der Mittelstand zum festen Anker der Gesellschaft herausgebildet. Die Basis des Mittelstandes ist so groß, dass er zahlreiche „Hidden Champions" hervorgebracht hat. Diese häufig unbekannten und mittelgroßen Firmen sind in ihrem Gebiet Weltmarktführer. Weltweit gibt es kein zweites Land mit einer solchen Anzahl (weit über 1.000[12]) an „Hidden Champions". Viele dieser Unternehmen wurden erst in den vergangenen Jahrzehnten so dominant. Diese Unternehmen verdanken ihrem Erfolg vorwiegend Männer, die heute, da in die Jahre gekommen, sicherlich als alte, weiße Männer klassifiziert werden könnten.

Auf Bürgerebene war es die Mittelschicht. Wer oder was ist aber die Mittelschicht? Ein Soziologe würde vermutlich gemeinsame typische Verhaltensweisen oder Interessen identifizieren. Vorstellbar wäre eine gute Ausbildung, ein Reihenhaus, eine Familie und zwei oder drei Urlaubsreisen im Jahr. Da Erwachsene nicht mehr zwingend Familie und Kinder haben müssen, erscheint eine Reduktion auf das Finanzielle hilfreich zu sein. Das Handelsblatt hat die Mittelschicht nach Abhängigkeit von der Familiengröße wie folgt definiert[13]:

---

[12] https://de.wikipedia.org/wiki/Hidden_Champion
[13] Vgl. Handelsblatt, 19.06.2017, S. 28

	Einkommens-grenzen in % des Medial-einkommens	Single	Paar ohne Kinder	Paar mit 1 Kind unter 14 Jahre	Paar mit 2 Kindern unter 14 Jahren
Einkommensstarke/ obere Mitte	150% bis 250%	2.640 € bis 4.400 €	3.960 € bis 6.590 €	4750 € bis 7.910	5.540 € bis 9.230 €
Mitte im eigent-lichen Sinne	80% bis 150%	1.410 € bis 2.640 €	2.110 € bis 3.960 €	2.530 € bis 4.750 €	2.950 € bis 5.540 €
Einkommensschwa-che untere Mitte	60% bis 80%	1.050 € bis 1.410	1.580 € bis 2.110 €	1.900 € bis 2.530 €	2.220 € bis 2.950 €

Abb.: 1 Definition deutsche Mittelschicht

Die Vertreter der Mittelschicht verdienen somit 80% bis 150% des Medianeinkommens. Gehörten laut gleicher Quelle im Jahr 1999 noch 71,2 Mio. der Bundesbürger zur Mittelschicht im weiteren Sinn bzw. 44,3 Mio. zur Mittelschicht im engeren Sinn an, sank diese Zahl bis 2014 auf 65,1 Mio. bzw. 38,8 Mio. Ein Rückgang um 12,5% bzw. um 5,5 Mio. Menschen ist durchaus als bedeutend zu bezeichnen, zumal er sich fortgesetzt haben dürfte. Angesichts der im Zeitverlauf zunehmenden Beschäftigungsquote kann festgestellt werden, dass das Gesetz vom Angebot und Nachfrage auf dem Arbeitsmarkt offenbar nur noch bedingt gilt. Hohe Beschäftigung garantiert keinen Lohnzuwachs.

Vielleicht ist diese Negativ-Entwicklung ein Grund dafür, dass die Bundesbürger heute die Hartz IV-Sätze für zu niedrig halten. Denn während 2015 die Mehrheit der Befragten die genannten Sätze für angemessen oder zu hoch hielten, waren es im Frühjahr 2018 nur noch 40%.[14]

Dies zur Definition der Zielgruppe dieses Buches.

---

[14] R. Köcher: Wer ist arm im Wohlstand, in Wirtschaftswoche 11.05.2018, S. 67

Den EU-Kritikern wird regelmäßig entgegengehalten, dass die EU und die Globalisierung Deutschland (nicht Südeuropa) einen nie gekannten Wohlstand gebracht haben incl. faktischer Vollbeschäftigung und sie den Frieden seit Jahrzehnten sichert. Nicht erwähnt, aber für die Lebensqualität von großem Nutzen sind die Normungen, die die EU veranlasst hat. Wer früher reiste, benötigte für fast jedes Land einen eigenen Netzstecker-Adapter und bisweilen viel Geduld bei der Einreise in ein Nachbarland. Geldwechsel war lästig und teuer. Wer mit einem einfachen Handy-Tarif in die Schweiz reist, lernt das Verbot der Roaming-Gebühren zwischen den Mitgliedsländern schätzen. Der EU haben wir in der Tat somit viel zu verdanken – im Großen wie im Kleinen.

Daran, dass es Deutschland gut bis sehr gut geht und dies insbesondere im Vergleich zu den anderen Staaten, besteht kein Zweifel. Insofern erscheint es nur fair und nachvollziehbar, dass Deutschland Netto-Zahler der EU ist. Die Netto-Zahlungen waren 2017 mit 10,7 Mrd. Euro nicht nur im Vergleich zu den Jahren zuvor (z.B. 2015: 14,31 Mrd. Euro) relativ niedrig. Beim bundesdeutschen Länderfinanzausgleich mussten im gleichen Jahr (2017) die Zahler Hamburg, Hessen, Baden-Württemberg und vor allem Bayern zusammen 11,2 Mrd. Euro abführen[15]. Dabei kann unterstellt werden, dass die wirtschaftlichen Unterschiede zwischen Deutschland und Polen wesentlich größer als zwischen Bayern und Berlin waren. Die in Bayern generierten Steuerzahlungen decken maßgeblich die EU-Zahlungen Deutschlands. Werden die Zahlungen Bayerns an die EU mit denen des Länderfinanzausgleichs addiert, ergibt sich ein Saldo von rund 10 Mrd. Euro. Dennoch hat Bayern einen Haushaltsüberschuss und steht zugleich in vielen Bereichen (z.B. Polizei oder Bildung) besser als andere Länder dar. Ein Beleg dafür, dass Solidarleistungen gut zu verkraften sind, wenn der Geber gut aufgestellt ist.

---

[15] https://www.tagesschau.de/inland/finanzausgleich-131.html

Operative Haushaltssalden 2017 in Mrd. Euro

Empfänger		Zahler	
Polen	8,57	Deutschland	10,68
Griechenland	3,74	Großbritannien	5,35
Rumänien	3,38	Frankreich	4,57
Ungarn	3,14	Italien	3,58
Tschechien	2,48	Schweden	1,40
Portugal	2,44	Niederlande	1,39
Bulgarien	1,47	Österreich	0,93
Litauen	1,27	Belgien	0,72
Slowakei	0,98	Dänemark	0,70
Spanien	0,73	Finnland	0,28
Lettland	0,53	Irland	0,17
Estland	0,47		
Kroatien	0,26		
Slowenien	0,15		
Malta	0,10		
Zypern	0,05		
Luxemburg	0,01		
Σ	**29,77**		**29,77**

Abb. 2 Operative Haushaltssalden der EU-Länder 2017[16]

Die bekannten direkten Kosten sind allerdings um die hier später dargestellten und wesentlich höheren versteckten Kosten zu ergänzen.

Neben dem direkten finanziellen Aspekt gibt es noch mit der EU zusammenhängende Themen, die kritischer hinterfragt werden sollten. Zu nennen ist beispielsweise die Arbeitnehmerfreizügigkeit, quasi die EU-interne Form der Globalisierung, wie auch der Komplex der offenen Grenzen an sich. Diesbezüglich mehren sich kriti-

---

[16] https://de.statista.com/statistik/daten/studie/38139/umfrage/nettozahler-und-nettoempfaengerlaender-in-der-eu/

sche Stimmen. Francis Fukuyama, der 1989 das „Ende der Geschichte" ausrief, sagte in einem Interview mit der Neuen Zürcher Zeitung am Sonntag[17] :

„Die Meinung, eine immer stärkere Globalisierung sei gut für die Welt, lässt sich kaum mehr vertreten. Eine weitere Zunahme der Migration wird sicher nicht auf Zustimmung stoßen. Damit muss jeder demokratisch gewählte Politiker, der die Ursachen des Populismus bekämpfen will, diese Probleme aufgreifen. In der EU sind diese Ursachen noch viel klarer zu benennen: Der Euro ist weiterhin nicht solide, Schengen funktioniert nicht. Man muss solche Schwächen korrigieren, um den Populisten den Wind aus den Segeln zu nehmen."

Hilfreich erscheint in diesem Zusammenhang zu definieren, was unter Globalisierung verstanden wird. Gewöhnlich werden hierunter internationale Verflechtungen verstanden, die sich insbesondere im Austausch von Waren widerspiegeln. Als „Rechtspopulisten" titulierte Politiker lehnen beispielsweise den zu starken Import von Waren ab, da hierdurch heimische Arbeitsplätze bedroht oder vernichtet werden. Ein wichtiger Aspekt für Trump ist entsprechend „Buy American" oder „American first". Dass der französische Präsident Macron bei EU-Ausschreibungen europäische Produkte bevorzugen will, zeigt, dass der Gedanke des „Buy First" im liberalen Lager angekommen ist. Mit dem Versuch des Protektionismus soll somit die Auslagerung von Arbeitsplätzen in Schwellenländer quasi wieder rückgängig gemacht werden[18]. In Teilen der USA, Frankreichs und anderer Staaten gab es als Folge der Arbeitsplatzverlagerungen eine regelrechte De-Industrialisierung. Diese gab es nach Ansicht des Autors in Deutschland aber allenfalls nur marginal (regional) bzw. vor längerer Zeit mit entsprechender Kompensation in

---

[17] NZZ am Sonntag, 19.03.2017 bzw. https://nzzas.nzz.ch/notizen/francis-fukuyama-ende-geschichte-ist-vertagt-ld.152130

[18] Teilweise sollen aber auch in der Tat unfaire Handelsbedingungen angegangen werden. Stand März 2018 erhob die EU viermal höhere Einfuhrzölle für US-Autos als dies die USA für EU-Autos tat, vgl: Lecher, P.: Trump hat nicht völlig unrecht, in http://www.tagesschau.de/kommentar/handelsstreit-eu-usa-101.html

der Zwischenzeit. Deutsche Großstädte mit hoher Arbeitslosenquote wie Gelsenkirchen, Bremerhaven oder Halle haben ihre zwei-
stellige Arbeitslosenquote[19] bedingt durch regional-politische Fehler, als Folge eines „normalen" Strukturwandels (die Stahlkrise gab
es weltweit), nicht aber wegen der massenhaften Verlagerung von
Arbeitsplätzen nach Asien oder Osteuropa. (Eine Ausnahme dürfte
die recht unbedeutende Region um Pirmasens, der vormaligen
Schuhmetropole sein.[20]) Der Umstand, dass Deutschland kaum negativ von der Arbeitsplatzverlagerung betroffen war, ist insofern
bedeutsam, wie der ehemalige Weltbank-Ökonom und Erschaffer
der „Elefanten-Kurve", Branko Milanovic, das Schrumpfen der Mittelschicht in den westlichen Ländern auf diese Arbeitsplatzverlagerungen zurückführt. Im Gegenzug würden die Schwellenländer an
Wohlstand gewinnen, so dass das weltweite Ungleichgewicht in
Summe reduziert wird – regional nimmt es aber zu, da es in den
westlichen Ländern zu einer stärkeren Konzentration bei arm oder
reich käme[21]. Wie sehr er recht hat, zeigt die Entwicklung Chinas:
Gehörten im Jahr 2000 nur 4% der Einwohner zur Mittelschicht,
sind es jetzt schon gegen 500 Mio. Menschen[22] und damit so viele,
wie die EU Einwohner hat.

Aber wie erwähnt, seine Forschungsergebnisse und Prognosen erklären nicht die Entwicklung in Deutschland, dem Land des
Booms[23]. Denn die aus Deutschland ins Ausland verlagerten Arbeitsplätze konnten zwischenzeitlich mehr als ersetzt werden. Dennoch gibt es auch in Deutschland eine starke Umverteilung. Diese

---

[19] http://www.sozialpolitik-aktuell.de/tl_files/sozialpolitik-aktuell/_Politikfel-
der/Arbeitsmarkt/Datensammlung/PDF-Dateien/abbIV38b.pdf
[20] Der Autor hatte einmal mit einem ehemaligen Pfälzer Schuh-Unternehmer
beruflich zu tun. Dieser war froh, seine vormals für 5 Mio€ gebaute Villa für
1 Mio€ verkaufen zu können.
[21] http://diepresse.com/home/wirtschaft/5159981/Es-gibt-kaum-ein-Land-in-
dem-die-Mittelschicht-nicht-schrumpft?from=suche.intern.portal
[22] https://asianroboticsreview.com/news-june-2019-html
[23] Im Frühjahr 2018 lag die Auslastung von Mensch und Maschinen lt. dem ifo
Institut um 13 Prozentpunkte über dem langjährigen Mittelwert, vgl. M. Fischer et. al: Eine ganz heiße Nummer in Wirtschafswoche 06.04.2018, S. 21

Umverteilung ist sowohl bei den laufenden Einnahmen wie dem Vermögen festzustellen.

Bis Mitte der 1980er-Jahre galt die Regel, dass 70% des Bruttosozialproduktes, also der Summe der erwirtschafteten Güter und Dienstleistungen eines Landes, auf Lohneinkommen entfallen und 30% auf die Kapitaleinkommen (Vermögenseinkünfte). Seitdem hat sich das Verhältnis in den OECD-Staaten – gleich ob Deutschland oder China - auf 58% bzw. 42% verändert[24]. Zusätzlich zu diesem Phänomen besteht seit einigen Jahren der Trend, dass es innerhalb der Lohneinkommen zu einer Verschiebung zu Gunsten der hochqualifizierten Arbeitnehmer kommt und bei den Kapitaleinkommen zu einer Verschiebung zu Gunsten der Besitzer von Sachvermögen, während die Sparer verlieren. D.h. ein klassisches Mitglied der deutschen Mittelschicht verliert mehrmals: Das Kuchenstück, dass die Arbeitnehmer erhalten, wurde kleiner und zusätzlich sein Anteil an diesem bereits verkleinerten Kuchenstück. Ähnliches gilt für sein Vermögen und seine Anwartschaften (Lebensversicherung, Betriebsrente) mit Ausnahme der Immobilien. Der Garantiezins der Altersvorsorge wird laufend gesenkt – die Realverzinsung wird negativ. Zur Veranschaulichung der Entwicklung der vergangenen Jahre dient ein Vergleich des Aufkommens der Körperschaftssteuer und somit der „Gewinnsteuer" der juristischen Unternehmen (GmbH, AG), mit der Lohnsteuer[25].

---

[24] D. Marin: Gegen den Verfall der Lohnquote, in Handelsblatt, 30.05.2017, S. 48

[25] Die Einkommenssteuer eignet sich hier nicht, da in diese auch Pachten, Zinserträge etc. hineinfließen, die wiederum eher vom Vermögen abhängen.

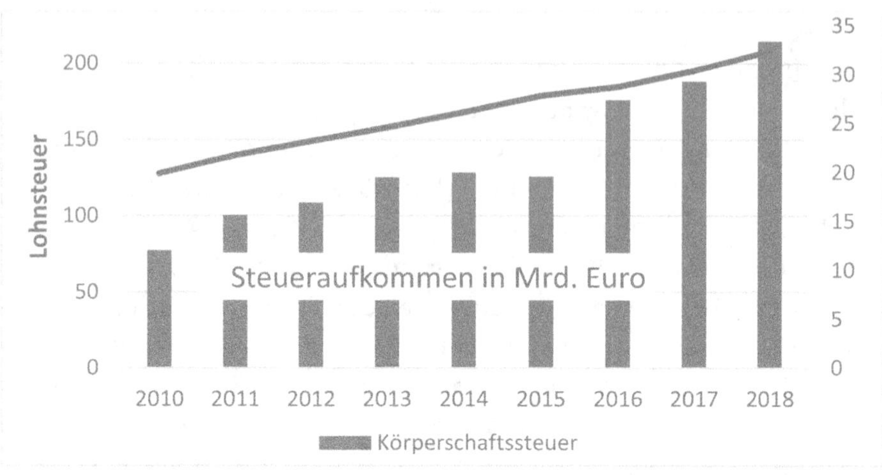

Abb. 3 Entwicklung Steueraufkommen 2010-18

Wie ersichtlich, ist das Aufkommen aus der Körperschaftssteuer wesentlich stärker gestiegen als das aus der Lohnsteuer[26]. Die Körperschaftssteuer hat sich binnen sieben Jahren fast verdreifacht, die Lohnsteuer stieg „nur" um 63%. Bei der Lohnsteuer ist zudem zu bedenken, dass die Zahl der Sozialversicherungspflichtigen seit 2010 von 28,3 Mio. auf 33,9 Mio. (+ 19,8%) deutlich gestiegen ist[27]. D.h. der Trend, dass Einkommen zunehmend den Unternehmen zu Gute kommen, setzt sich fort.

Korrekterweise wird darauf hingewiesen, dass in Deutschland die Zahl der Teilzeitstellen zunimmt, weshalb Deutschland mittlerweile eine deutlich niedrigere durchschnittliche Jahresarbeitszeit als andere Länder aufweist – bei nicht jedem sozialversicherungspflichtigen Job handelt es sich um eine Vollzeitstelle. Nachfolgend die Jahresleistung 2015 auf Basis von OECD-Zahlen[28].

---

[26] Körperschaftssteuer: https://de.statista.com/statistik/daten/studie/235799/umfrage/einnahmen-aus-der-koerperschaftsteuer/ - bis 2012 dürften Verlustvorträge aus der Finanzkrise das Aufkommen reduziert haben/ Lohnsteuer: https://de.statista.com/statistik/daten/studie/235778/umfrage/einnahmen-aus-der-lohnsteuer/
[27] https://statistik.arbeitsagentur.de/Statistikdaten/Detail/Aktuell/iiia6/beschaeftigung-sozbe-zr-ausgew-merkmale/zr-ausgew-merkmale-d-0-xlsx.xlsx
[28] Vgl. Manager Magazin 06/2017, S. 81

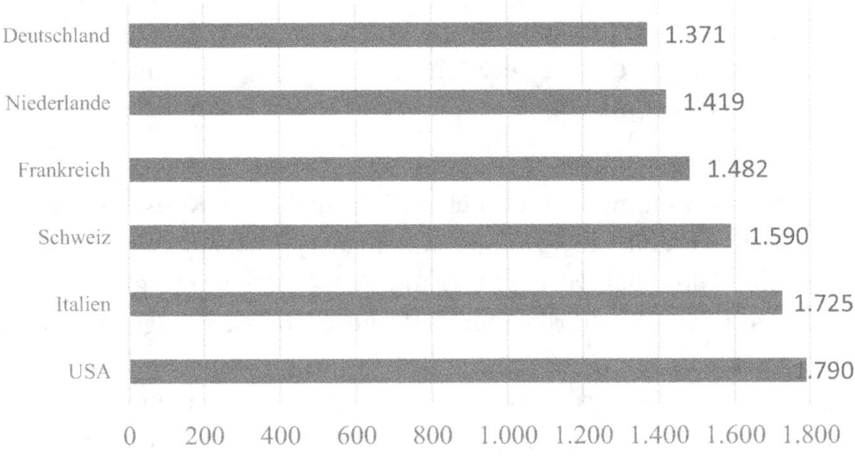

Abb. 4 Jahresarbeitszeit in wichtigen Ländern in Stunden 2015

Eine geringere Arbeitszeit impliziert i.d.R. eine geringere Vergütung und somit auch niedrigere Steuerzahlungen. Andererseits gehen immer mehr Erwerbstätige einer Zweittätigkeit nach:

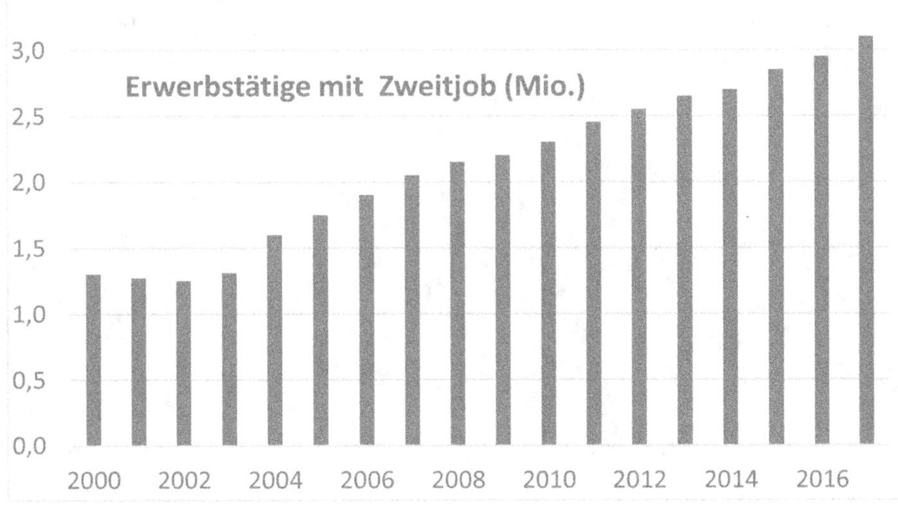

Abb. 5 Entwicklung Erwerbstätige mit Zweitjob 2000-17[29]

---

[29] https://de.statista.com/infografik/1171/erwerbstaetige-in-deutschland-mit-nebenjob/

Zweitjobs werden i.d.R. nicht aus Interesse, sondern aus Notwendigkeit angestrebt. Polizisten helfen in Tankstellen aus, Angestellte tragen vor Arbeitsbeginn Zeitungen aus etc. Trotz der hohen Überstundenzahl hatten 2017 etwa 20% der Hamburger Polizisten eine genehmigte Tätigkeit[30].

Beim Vermögen, also dem Kapital in Form von Sachwerten (Immobilien, Unternehmen – hier incl. Aktien, aber auch Kunst, Oldtimer etc.) bzw. von Finanzvermögen (Sparbuch) wird der Anteil am Kuchenstück der Sachwertbesitzer und Aktionäre immer größer: Während von der eher kleineren Umverteilung als Folge eines niedrigeren Putzlohnes, die der von Prof. Sinn erwähnte Rechtsanwalt zahlen muss, die für die gering qualifizierten gleichwohl existenzgefährdend ist, eher die gehobene Mittelschicht profitiert, gibt es noch eine wesentlich größere Umverteilung. Diese Umverteilung wird von manchen bereits als demokratiegefährdend da den Populismus begünstigend, angesehen. Grund: Die Zunahme des Wohlstandes verteilt sich auf immer weniger Schultern. Während der Sparer eine immer geringere Verzinsung erhält, kann sich der Besitzer von Sachvermögen über den starken Vermögensanstieg freuen. Die Vermögenspreise steigen weitaus stärker als die klassischen Inflationskennziffern.

---

[30] https://www.abendblatt.de/hamburg/article212381953/Statistik-Polizisten-in-Hamburg-haben-oft-einen-Zweijob.html

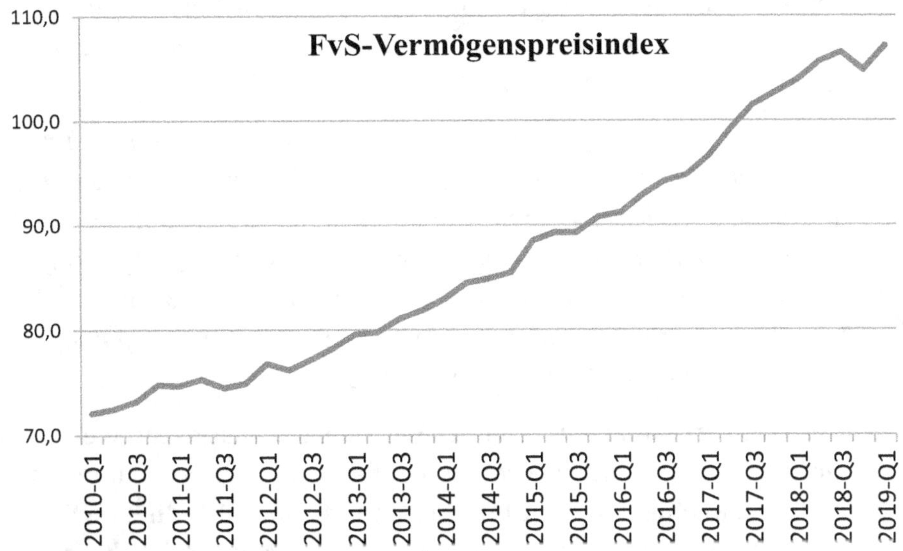

Abb. 6 Flossbach von Storck Research Institute Vermögenspreisindex[31]

In weltweit keinem anderen Land hat der Eigentumsanteil der Reichen in den letzten Jahren derart zugenommen wie in Deutschland. Binnen vier Jahren stieg der Anteil des Gesamtvermögens, den die 1% der Superreichen halten, in Deutschland um 14 Prozentpunkte – Weltrekord. Die deutsche Mittelschicht verliert. Dies überrascht nicht, ist die Inflation bei Vermögenswerten als Folge der Geldschwemme auf 6,5% hochgeschossen. *„Junge Haushalte und weniger Vermögende haben das Nachsehen"*[32], so die Forscher des größten unabhängigen Vermögensverwalters Deutschlands. Während Politik und Notenbank mit der niedrigen Inflationsrate, die ja nur die Verbraucherpreise abbildet, zufrieden sind, haben wir die paradoxe Situation, dass anstelle der Gewerkschaften ausgerechnet die „Geldverwalter" auf diesen Umstand hinweisen und ein wenig aufbegehren. Neben Flossbach von Storch, dem erwähnten Vermögensver-

---

[31] https://www.flossbachvonstorch-researchinstitute.com/de/vermoegens-preisindex/deutschland/

[32] http://www.fvs-ri.com/fvs-vermoegenspreisindex/ueberblick.html

walter, ist u.a. mit Emmerich Müller, ein persönlich haftender Gesellschafter des 300 Jahre alten Privatbankhauses Metzler, zu nennen:

„Es stellt sich die Frage, messen wir die Inflation richtig, da wir nur Verbraucherpreise und keine Vermögenspreise berücksichtigen. Denken Sie an die Entwicklung bei Immobilien. In jedem Fall überrascht der geringe Lohndruck bei einer Fast-Vollbeschäftigung. Offenbar geht den Gewerkschaften nach den Erfahrungen der letzten Krise Arbeitsplatzsicherheit vor Lohnerhöhungen. Gleichzeitig steigen die Gewinne bei anziehenden Umsätzen weltweit."[33]

Diese Umverteilung wird von der Bevölkerung instinktiv (wer spricht schon von einer Vermögensinflation?) wahrgenommen und kritisiert. In einer Online-Umfrage[34] stellte Spiegel-Online im Sommer 2017 u.a. die Frage *„Werden die Erfolge des wirtschaftlichen Aufschwungs in Deutschland gerecht verteilt?"* Die Antworten waren eindeutig: „Nein, auf keinem Fall" klickten 37,8% an, *„Eher nein"* hohe 38,9%. D.h. ¾ der Teilnehmer waren zumindest skeptisch.

Die zunehmende soziale Ungleichheit in Deutschland wird auch vom IWF kritisiert. Gründe für diese massive Umverteilung sind der für den Export sehr günstige Wechselkurs sowie die Niedrigzinsen sein. Subjektiv gesehen erscheint uns der Euro seit einigen Monaten stark zu sein. Der Mehrjahresvergleich zeigt allerdings, dass der Euro derzeit stärker als in 2015 oder 2016 notiert, im Vergleich zu den Jahren zuvor aber noch immer erhebliches Aufholpotential besitzt. Diese Differenz geht voll zu Lasten der Bürger, verteuert sich so doch ihr Urlaub – auch im Euro-Raum.

---

[33] „Menschen waren immer anfällig für Illusionen", Interview im Handelsblatt, 10.01.2018, S. 28. In der Folge ist der Lohndruck ein wenig gestiegen.
[34] http://www.spiegel.de/panorama/g20-grenzkontrollen-bundespolizei-zaehlt-mehr-als-4500-unerlaubte-einreisen-a-1161362.html

Abb. 7 Wechselkurs US-Dollar zu Euro 2008-März 2019[35]

Der Handelsblatt-Redakteur Norbert Häring geht davon aus, dass der Euro zur Vermeidung weiterer gigantischer Überschüsse früher oder später aufgewertet werden muss. Er prognostiziert:

„Wenn das passiert, wird es sehr eng für die wettbewerbsschwachen Länder an der europäischen Peripherie. Dann wäre auch das goldene Zeitalter für die deutsche Industrie vorbei."[36]

Von beiden Faktoren Wechselkurs und Niedrigzinsen profitieren Unternehmer stark überproportional auf Kosten der Arbeitnehmer und Freiberufler. Die erwähnten Kosten der Arbeitnehmer und Freiberufler, sie müssen mehr für Importe oder für ihre Auslands-urlaube zahlen, sind quasi ein Kollateralschaden.

Wie die nachfolgende Graphik verdeutlicht, war die Umverteilung während der letzten Jahre in keiner großen Wirtschaftsnation so

---

[35] https://www.ecb.europa.eu/stats/policy_and_exchange_rates/euro_reference_exchange_rates/html/eurofxref-graph-usd.en.html
[36] Häring, N.: Deutschland – der übermächtige Konkurrent, Handelsblatt 16.01.2017

stark wie in Deutschland. Der Vermögensanteil der Superreichen ist binnen fünf Jahre um 14 Prozentpunkte gestiegen. Angesichts der Immobilien- und Aktienkursentwicklung bzw. des Anstiegs der Firmenpreise überrascht dies nicht.

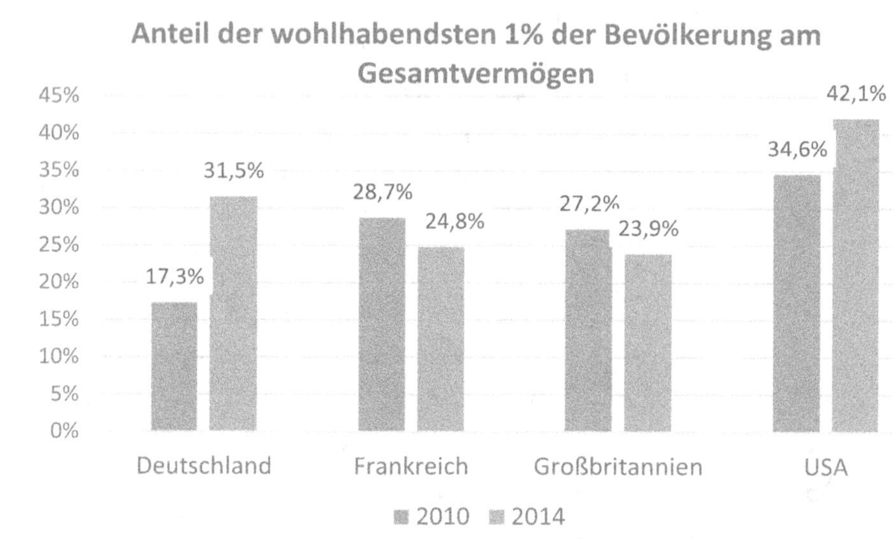

Abb. 8 Anteil der wohlhabendsten 1% der Bevölkerung am Gesamtvermögen nach Ländern[37]

Vor diesem Hintergrund (Umverteilung nicht auf Grund von Produktionsverlagerungen) folgt der Autor einem anderen Erklärungsansatz, warum in Deutschland Teile der Mittelschicht mit niedrigerer Qualifikation und insbesondere gering Qualifizierte am Boom nicht teilnehmen und sich die Vermögensverteilung in Deutschland zunehmend bei den Reichen konzentriert: Der „Normal-Bürger" trägt die Kosten der Euro-Rettung und subventioniert damit Staat und Unternehmen. Während der Staat von den niedrigen Zinsen und den höheren Steuereinnahmen als Folge der Vermögenspreis-Inflation profitiert, profitieren die Unternehmen von niedrigen Zinsen und dem für sie traumhaften Wechselkurs. Als Folge dieser Wechselkurse erzielt Deutschland gigantische Handelsüberschüsse, die insbesondere von der US-Regierung Trump, aber auch von den

---

[37] Handelsblatt, 23.12.2016

EU-Partnern kritisiert werden. (2018 betrug der Handelsbilanzüberschuss Deutschlands gegenüber den USA hohe 68 Mrd. US-$.[38])

Exkurs:
Arbeitsplatzverlagerung durch Handelsbilanzüberschuss

Die genannte Zahl des Handelsbilanzüberschusses (68 Mrd. US-$) scheint zu groß und zu abstrakt zu sein, um sie interpretieren zu können. Hilfreich scheint daher ihre Umrechnung in Arbeitsplätzen zu sein, die Deutschland hierdurch hat, die aber bei einem Null-Saldo in den USA wären. Der besonders produktive deutsche Maschinenbau wies 2017 einen Pro-Kopf-Umsatz von 219.200 €[39] aus. D.h. jeder Mitarbeiter erwirtschaftete im Schnitt 0,2 Mio. (mit dem Geld wurde nicht nur sein Gehalt gezahlt, sondern auch das benötigte Material, die Investitionen, Werbung und auch der Gewinn erwirtschaftet). Andere Branchen erzielen z.T. weitaus geringere Pro-Kopf-Umsätze. Unterstellen wir hier einfach eine mittleren Pro-Kopf-Wertschöpfung von 125.000 US-$[40], so lautet die Rechnung:

Handelsüberschuss D zu USA 2018 in US-$	68.000.000.000
: Wertschöpfung je Mitarbeiter in US-$	125.000
= verlagerte Arbeitsplätze	**544000**

D.h. bei einer ausgeglichenen Handelsbilanz hätten die USA mindestens 544.000 zusätzliche Jobs und Deutschland entsprechend weniger.

Incl. Familienmitglieder geht so das Auskommen von 1 bis 2 Mio. Menschen den USA verloren – durch Umverteilung USA an Deutschland. In Deutschland profitieren die Unternehmen, nicht die Bürger, die für den USA-Urlaub als Folge des ungünstigen Wechselkurses länger arbeiten müssen oder sich diesen erst gar nicht leisten können.

---

[38] https://www.handelsblatt.com/politik/international/trotz-strafzoellen-us-handelsdefizit-auf-hoechstem-stand-seit-zehn-jahren/24072324.html

[39] https://de.statista.com/statistik/daten/studie/235375/umfrage/umsatz-je-beschaeftigten-im-deutschen-maschinenbau/

[40] https://www.zvei.org/fileadmin/user_upload/Presse_und_Medien/Publikationen/2019/Februar/BWL-Faktenblatt_Februar_2019/BWL-Faktenblatt-Februar-2019.pdf

Gering Qualifizierte leiden zudem unter dem Lohnwettbewerb, der aus der massenhaften Zuwanderung von günstigeren Osteuropäern und bald auch arabischen und afrikanischen Migranten auf den Arbeitsmarkt resultiert, so deren Integration auf den Arbeitsmarkt gelingt. Das Lohndumping ist zwar in Deutschland kein Thema, war aber in Großbritannien ein wesentlicher Grund für viele für den Brexit zu stimmen. Während in Deutschland der aus ÖVP und FPÖ bestandenen vormaligen österreichischen Regierung latente Ausländerfeindlichkeit unterstellt wurde, warf die oppositionelle SPÖ der FPÖ eine zu weitreichende Definition der Mängelberufe vor. Für Tätige in Mängelberufe bestehen in Österreich erleichterte Einreisemöglichkeiten und die FPÖ war für eine Lockerung der Definitionen. Vor diesem Hintergrund fürchtet die SPÖ den Zuzug von weiteren 150.000 Ausländern mit der Folge des Lohndumpings, was von der „neoliberalen" FPÖ durchaus gewollt sei, so die Sozialdemokraten[41]. Der vormalige österreichische Bundeskanzler Christian Kern:

„Wir holen nicht mehr Raketenwissenschaftler nach Österreich, sondern Fensterputzer."[42]

Fest steht, dass in Deutschland noch nie so viele Menschen sozialversicherungsbeschäftigt waren und die Arbeitslosigkeit so gering war wie derzeit, aber dennoch die Armutsquote ein neues Rekordniveau erreicht hat.

---

[41] Vgl. http://www.orf.at/#/stories/2422455/

[42] ORF.at: SPÖ geißelt Arbeitsmarktpläne der Regierung, http://orf.at/m/stories/2422841/

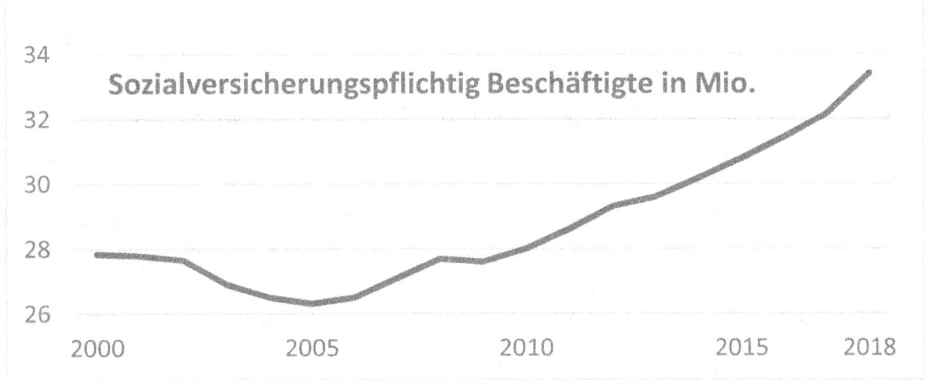

Abb. 9 Sozialversicherungspflichtig Beschäftige in Mio. 2000-18[43]

„Deutschland hat mit 15,7 Prozent Armutsquote einen neuen Höchst-stand, einen neuen Rekord seit der Vereinigung erreicht", sagte der Hauptgeschäftsführer des Paritätischen Gesamtverbandes, Ulrich Schneider.[44]

Trotz Vollbeschäftigung – im Januar 2019 zählte das Statistische Bundesamt 45,01 Mio. Erwerbstätige und damit 500.000 mehr als ein Jahr zuvor [45] nimmt die Armutsquote zu, wobei in diese Armuts-flüchtlinge (EU-Bürger aus Rumänien und Bulgarien) und aner-kannte, aber noch nicht qualifizierte Asylbewerber einfließen. (Es sind somit nicht 15,7% der Staatsangehörigen von Armut betroffen, aber dennoch viele.)

Die Konsequenz: Nach einer Umfrage des Meinungsinstituts Infra-test Dimap zweifeln inzwischen rund 60% der Bundesbürger an der

---

[43] Vgl. https://de.statista.com/statistik/daten/studie/39187/umfrage/sozial-versicherungspflichtig-beschaeftigte-seit-2000/

[44] http://www.handelsblatt.com/politik/deutschland/arbeitsmarkt-in-deutschland-zahl-der-arbeitslosen-sinkt-auf-2-569-millionen/19747456.html

[45] https://de.statista.com/statistik/daten/studie/1376/umfrage/anzahl-der-erwerbstaetigen-mit-wohnort-in-deutschland/

Demokratie, weil sie ihrer Meinung nach vor allem den wirtschaftlich Mächtigen dient[46]. Ein kleiner, leicht sarkastischer Trost für die Verlierer: Im gewissen Sinne verlieren auch die Superreichen: Der Anteil des zu seiner Zeit jeweils reichsten Erdbewohner am heutigen Bruttosozialprodukt sinkt kontinuierlich – ganz im Sinne der Elefantenkurve[47]:

Person	Zeit	Anteil am Jahres-BSP 2017	Vermögen in Mrd. US$
Augustus	63 v. Chr. - 14 n. Chr.	5,00%	3.964
Jakob Fugger	1459-1525	1,00%	793
Cosimo de´Medici	1389-1464	0,60%	450
John D. Rockefeller	1839-1937	0,30%	238
Jeff Bezos (Amazon)	*1964	0,16%	124

Abb. 10 Anteil der reichsten Person am Welt-Bruttosozialprodukt seit Christus bis heute

Zurück zur Umverteilung, die den Normalbürger betrifft. Für diese Umverteilung gibt es zusätzlich zu den Genannten weitere verschiedene Gründe, die hier nicht weiter beachtet werden:

1. Das Internet bewirkt stetig sinkende Transaktionskosten, so dass der Preis-Wettbewerb so lange forciert wird bis nur noch ein oder zwei Anbieter verbleiben. Insofern führt hier ein funktionierender Markt mit seiner kreativen Zerstörung zur Umverteilung[48]. Die Anzahl der Einzelhandelsgeschäfte sinkt daher permanent. Früher konnten Einzelhändler gut von ihrem Geschäft leben. Anstelle von vormals tausenden Einzelhändlern profitieren nun einige Amazon-Großaktionäre und -Großhändler vom Handel. Die Zehntausende

---

[46] http://www.zeit.de/gesellschaft/zeitgeschehen/2015-02/studie-fu-berlin-linksextremismus-demokratie-skepsis
[47] Quelle: Wirtschaftswoche, 09.03.2018, S. 12
[48] Vgl. diesen lesenswerten Artikel von Andreas Zielcke: http://www.sueddeutsche.de/kultur/wirtschaftstheorie-wer-viel-hat-1.3438249

niedrig bezahlten Arbeitnehmer in den Amazon-Logistikcentern werden bereits in wenigen Jahren durch Roboter ersetzt werden und auf der Straße stehen.

2. Robert Reich, früher Arbeitsminister unter Bill Clinton, weist in seinem Buch „Rettet den Kapitalismus" nach, dass massive Markteingriffe zur Umverteilung führen. Die US-Konzerne tätigen ihre hohen Wahlkampfspenden nicht um nach der Wahl Aufträge zu erhalten, nein, sie wollen gleich den gesamten für sie relevanten Markt mittels entsprechender Regularien bekommen. Dies gelingt ihnen i.d.R. sehr gut. Dass die deutschen Konzerne kaum besser sind, ist spätestens seit der Diesel-Affäre bekannt: Zwar gab es hier Regularien. Aber dank eines den Autoherstellern dienenden Kraftfahrzeugbundesamtes wurden sie nicht kontrolliert. (So langsam halte ich es für arrogant, die schlechte Lage vieler afrikanischer Länder mit der dort weitverbreiteten Korruption zu erklären. Denn ganz so abwegig scheint ein in der Wirtschaftswoche erschienener Kommentar nicht mehr zu sein. Er trug den Titel „Deutschland, das korrupteste Land der Welt". Nach aufgedeckten Standheizungs-, Schienen-, Feuerwehrauto, Euribor-, LKW-, Wurst-Kartellen, durch die Politik begünstigte Skandale wie den Schott-Labor in Augsburg oder dem Eierskandal in Bayern oder auch den Visa-Verkäufen in deutschen Botschaften mag ich dieses Spitzenranking nicht mehr ausschließen.)

3. Die „Flash-Boys" (Titel eines Buches von Michael Lewis) lassen wiederum schnurgerade Glasfaserkabel quer durch die USA zur Börse verlegen, um beim Börsenhandel einen Zeitvorteil von Millisekunden zu erhalten mit dem sie andere Börsianer, z.B. Pensionskassen und somit die Allgemeinheit, legal „abzocken" können. Die Pensionskassen – und damit

viele Rentner - wurden durch Absprachen der großen Banken im Aktienleihe-Markt geschädigt. Eine Schadenersatzklage wurde im August 2017 in den USA eingereicht[49].

4. Die Spekulanten, die zum Finanzcrash 2007/08 führten bzw. der Crash selber haben offenbar ebenfalls die Umverteilung begünstigt. Die angelsächsischen Banken haben sich längst wieder erholt und Konzerne incl. deutsche Familien-Unternehmen profitieren von der Niedrigzinspolitik der EZB. Zugleich verliert die Lebensversicherung des Kleinanlegers an Realwert. Während der erwähnte Kleinanleger für Guthaben zunehmend Aufbewahrungsgebühren zahlen muss und er unter steigenden Mieten zu leiden hat, steigen die Gewinne der deutschen Unternehmen als Folge der Fixkostendegression (hohe Auslastung bei gleichbleibenden Grundkosten), der günstigeren Finanzierung und des währungsbedingten Preisvorteils beim Export. Die deutschen Dax-Konzerne verdienten nie so viel wie in den letzten Jahren.

5. Ein weiterer Grund für die zunehmende Umverteilung stellt die Migration dar, die zu einem starken Lohndruck im Bereich der weniger Qualifizierten führt und die Lebensqualität auf unterschiedliche Weise reduziert: Sei es durch die höhere Kriminalität oder durch scheinbare Banalitäten, die für die Betroffenen gleichwohl ärgerlich sind wie übervolle Mülltonen in einer Wohnanlage, wenn in eine 3-Zimmer-Wohnung sechs bis zehn osteuropäische Arbeiter einziehen.

Vereinfacht ausgedrückt erfolgt offensichtlich nicht nur eine Umverteilung Geringverdiener zu den höheren Einkommensklassen, von Sparern zu Sachwertbesitzern, sondern auch von Deutschland zu den osteuropäischen Ländern bzw. den Süd-Euro-Ländern (zahlen Minimalzins für ihre Staatsschulden). Der letztere Aspekt (niedrigere Zinsen durch Geldschwemme) führt wiederum wie auch die

---

[49] http://www.institutional-money.com/news/uebersicht/headline/pensions-fonds-verklagen-banken-wegen-verschwoerung-im-leerverkaufmarkt-136326/?tx_fizend_pi2%5Bref%5D=2

wirtschaftliche Labilität der Süd-Länder zu einem auf Mehrjahres-vergleich unverändert schwachen Euro. Von diesem profitiert die Exportwirtschaft und hiervon wiederum primär die Unternehmens-inhaber. Alles legal und nicht unanständig, aber scheinbar doch nicht so bewusst wie es sein sollte. Korrekterweise muss darauf hingewiesen werden, dass alternativ die staatlichen Transferleis-tungen nach Osteuropa vermutlich wesentlich höher sein müssten, wenn nicht so viele ihrer Einwohner in Deutschland arbeiten könn-ten. Der Schweizer Vermögensverwalter Felix Zulauf sagte zu Be-ginn der Finanzkrise: *„Nass werden wir alle"*[50]. Dies gilt wohl auch für die Folgen der Euro-Rettung und der Globalisierung. Der deut-sche Normalverdiener wird allerdings besonders nass.

Vor diesem Hintergrund scheint die Frage interessant zu sein, wel-che individuellen Lasten der Einzelne trägt. Mit individuell ist nicht etwa sein Steueranteil an den Netto-Zahlungen Deutschland an die EU gemeint, sondern die versteckten Kosten. Die Nettozahlungen waren 2015 je Bürger mit 176 Euro eher gering[51], werden nach dem Brexit zwar steigen, in Summe aber unbedeutend bleiben. Als brave Steuerzahler sind wir uns zudem bewusst, dass das Geld so o-der so „weg" wäre. Eine Steuersenkung etc. bei Nichtzahlung der EU-Beiträge wäre nicht zu erwarten.

---

[50] https://www.wiwo.de/finanzen/vermoegensverwalter-felix-zulauf-zerfall-der-gesamten-finanzarchitektur-seite-5/5139914-5.html
[51] Europäische Kommission: 60 Gründe für die EU, Mai 2017, S. 63

Eine Identifikation der individuellen Kosten ergab fünf Bereiche, die nachfolgend näher erläutert werden:

1. Kosten der schlechteren Wechselkurse (Benzin, Urlaub, Importe)
2. Auswirkungen auf das Finanzvermögen (Staatliche Rente, Betriebsrente, Lebensversicherung)
3. Lohnrückgang als Folge der Ost-EU-Erweiterung (gilt insbesondere für gering Qualifizierte)
4. Eventualverbindlichkeiten (was noch zu Buche schlagen kann)
5. Opportunitätskosten

Hinterfragt man die Kosten der EU für den Einzelnen, stellt sich die Frage der Wechselkursauswirkungen. Die alte „Deutsche Mark" wurde zunächst 1999 in Form von Euro-Buchgeld abgelöst, ab 2002 dann final in Form des Bargeldes[52]. Mit der Einführung des Buchgeldes 1999 erfolgte die fixe Festlegung der einzelnen teilnehmenden Währungen untereinander. Ein Euro entsprach einem DM-Wert von 1,95583.

1999 waren folgende Länder Teil der Euro-Gemeinschaft: Belgien, Deutschland, Finnland, Frankreich, Irland, Italien, Luxemburg, Monaco (wg. Frankreich), Niederlande, Österreich, Portugal, San Marino (wg. Italien), Spanien und Vatikanstadt (wg. Italien). 2001 folgte Griechenland, 2007 Slowenien, 2008 Malta und Zypern, 2009 die Slowakei, 2011 Estland, 2014 dann Lettland und Andorra (wg. Spanien) und 2015 Litauen[53].

Für eine Volkswirtschaft ist die richtige Balance der Wechselkurse wichtig. Bei einer sehr schwachen eigenen Währung, d.h. man müsste beispielsweise viele Euro für einen Dollar hergeben, kann leichter exportiert werden. Hierdurch würden Arbeitsplätze im eigenen Land geschaffen. Im Umkehrschluss würden sich die Importe, z.B. Rohstoffe (Öl), bedeutend verteuern. Geschieht dies in recht kurzer Zeit, kommt es zur Inflation. Diese kann wiederum dadurch bekämpft werden, dass beispielsweise die Zinsen erhöht werden, sofern man über eine eigene Währung verfügt. Im Euro-Raum ist dies nicht möglich, da hier die Europäische Zentralbank den Leitzins definiert. Höhere Zinsen locken ausländische Anleger an, weshalb diese ihre eigene Währung in die heimische Währung tauschen. Denn sofern sich in der Folge der Wechselkurs nicht ändert, erhalten sie eine höhere Verzinsung für ihr Geld als beispiels-

---

[52] Es sind bisweilen die Kleinigkeiten, die Erinnerungen für immer sichern: Zusammen mit meiner Frau verbrachte ich Silvester in Luzern. Als wir im neuen Jahr auf der Heimfahrt an der A96 (Lindau-München) tankten und bar mit der Mark bezahlten, hatten wir erstmals Kontakt mit dem Euro, den wir als Wechselgeld zurückerhielten.
[53] https://de.wikipedia.org/wiki/Euro

weise in der Heimat. Durch diese Nachfrageerhöhung nach der heimischen Währung steigt ihr Wechselkurs, wodurch das anfänglich beschriebene Ungleichgewicht reduziert oder beseitigt wird. Deutschland hat mangels eigener Währung und fehlender Zins-Hoheit diese Optionen nicht mehr.

Die als „Geld-Profis" verschrienen Investment-Banker von Goldman Sachs haben Anfang 2018 ein Modell entwickelt, mit dem der faire Leitzins berechnet wurde. Fair in dem Sinne, dass die jeweiligen wirtschaftlichen Rahmenbedingungen des Landes berücksichtigt werden. Für Deutschland kamen die Ökonomen auf einen fairen Leitzins von fast 4% - die EZB hat aber 0% verordnet. Angesichts der Vollbeschäftigung, des Baubooms und der ansteigenden Preise könnte es sicherlich nicht schaden, Geld aus dem Markt zu nehmen indem man Sparanreize schafft. Wer die Option hat, sein Guthaben mit 4% verzinst zu bekommen, schiebt womöglich Investitionen hinaus oder kauft nicht aus purer Not („Anlagenotstand") Immobilien, deren Wert durch die verstärkte Nachfrage ins Unermessliche gestiegen ist. Für Leser ohne Bezug zu Zins und Zahlen: Wer 10.000 Euro auf dem Sparkonto hat und – anders als heute – 4% Zinsen erhält, bekommt so p.a. 400 Euro und somit mehr als ihn die Inflation kostet – Geld, dass ihm heute entgeht.

Ein Land wie Italien wäre fairerweise mit einem leicht negativen Leitzins passend bedient, während für Griechenland ein fairer Leitzins von – 9% (in Worten „minus neun") errechnet wurde. Dieser Wert zeigt die wahre Not des Landes: Nur wenn die Sparer aus Angst vor horrenden Aufbewahrungsgebühren in Form der Negativverzinsung ihre Konten räumen und ihr Erspartes investieren, kann es dort aufwärts gehen.

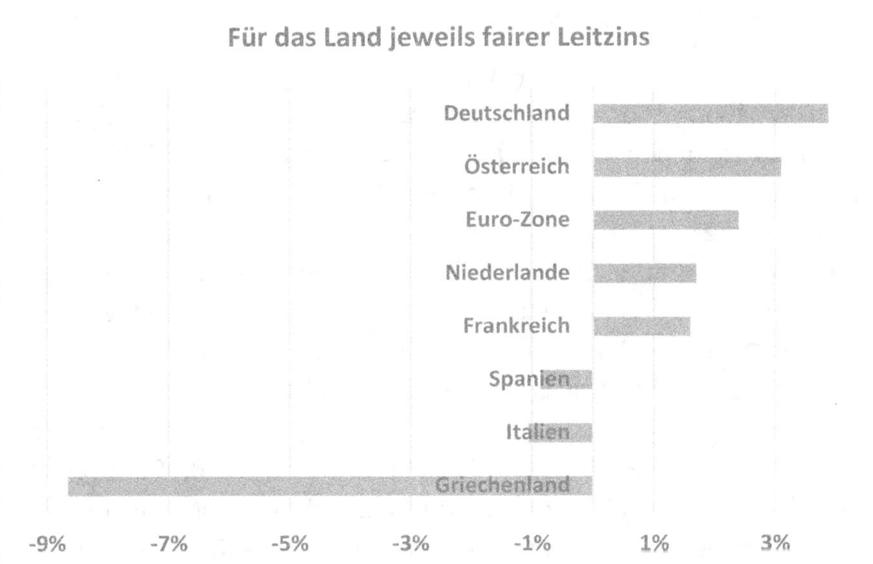

Abb. 11 Theoretisch fairer Leitzins für wichtige Euro-Länder nach Goldman Sachs[54]

Fazit der „Goldmänner"[55]: Der Euro-Leitzins müsste auf 2% erhöht werden. Dieser Wert wäre für Deutschland noch viel zu niedrig, aber besser als der Status quo. Eine Erhöhung ist aber nicht möglich. Denn gerade für die Süd-Länder muß der Zins niedrig gehalten werden. Hierfür gib es zwei Gründe:

1. Die hohe Verschuldung der Staaten
2. Die desolate Lage ihrer Banken.

---

[54] https://www.welt.de/finanzen/article172745102/EZB-Warum-unsere-Zinsen-eigentlich-bei-3-9-Prozent-liegen-muessten.html

[55] Vgl.:o.V.: EZB-Tauben haben es schwerer gegen die Falken, in Welt, 23.01.18, S. 13

Hohe Staatsverschuldung

Stellen Sie sich vor, Sie haben gebaut und nun den Kapitaldienst (Zins & Tilgung) für ein Darlehen über 500.000 Euro zu leisten. Bei einem Zinssatz von 0,5% müssen Sie für den Zins nur 2.500 Euro im Jahr aufwenden. Bei einem normalen Einkommen sollte genug für eine Tilgung verbleiben. Sie können sich langfristig entschulden. Ist der Zinssatz aber bedeutend höher, beispielsweise um die o.g. Ungleichgewichte zu beheben und vielleicht noch ihr individuelles Risiko zu berücksichtigen, wird es schwieriger. Bei einem Zinssatz von 4% steigen die Zinszahlungen auf 20.000 Euro und für die Tilgung verbleibt – wenn überhaupt – nur noch wenig. Bei einem Zinssatz von 6% und einer jährlichen Zinszahlung von 30.000 € reicht womöglich ihr verfügbares Einkommen nicht einmal mehr für die Zinszahlungen aus. Sie müssten dann zusätzliche Kredite aufnehmen, so Sie sie denn bekommen, um ihre Zinsen zu zahlen. Ihre Verschuldung steigt – Sie befinden sich im Teufelskreislauf.

Bei einigen Ländern im Euro-Raum kommt alles zusammen: Hohe Staatsverschuldung, hohes individuelles Risiko und geringe Steuereinnahmen als Folge einer schwächeren Konjunktur bzw. hoher Verlustvorträge der Unternehmen. Gemessen am Bruttosozialprodukt betrug die Staatsverschuldung beispielsweise in Griechenland im 2. Quartal 2017 rund 175%, in Italien 135% und in Portugal 132%. Die Lage Deutschlands war mit 66% wesentlich komfortabler[56]. Das eigentlich Schlimme ist: Die Verschuldung der bekannten Krisenländer ist in den vergangenen Jahren sowohl absolut wie relativ trotz enormer Zinsersparnisse gestiegen:

---

[56] https://de.statista.com/statistik/daten/studie/163692/umfrage/staatsverschuldung-in-der-eu-in-prozent-des-bruttoinlandsprodukts/

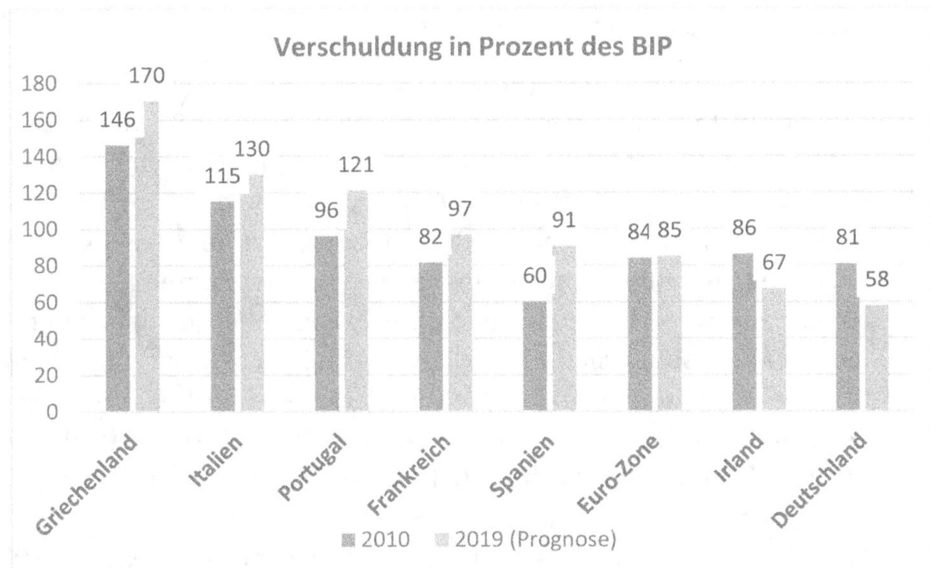

Abb. 12 Verschuldung wichtiger Euro-Zonen-Länder in % des BSP 2010 und 2019 (FC)

Die Staatsschuldenkrise besteht somit unverändert fort. Dies kann eigentlich nicht verwundern, erzielt doch Deutschland selbst im Boom nur einen geringen Haushaltsüberschuss. Die ärmeren Länder nicht, weshalb ihre Verschuldung absolut und relativ weiter steigt – trotz niedriger Zinsen.

Die im Internet abrufbare „Schuldenuhr Europas"[57] zeigt, dass neben Deutschland nur Litauen, Slowenien und Zypern Schulden abbauen.

---

[57] https://www.smava.de/eurozone-schulden-uhr/

Desolate Lage der heimischen Banken

Die langjährige schwache wirtschaftliche Entwicklung vieler Euro-Länder führte dazu, dass der Anteil notleidender Kredite an allen Darlehen wichtiger Großbanken der Südländer (aber auch Irlands) ungewöhnlich bis beängstigend hoch ist. Als notleidend wird ein Darlehen bezeichnet, wenn der Schuldner mit Zins und Tilgung in Verzug ist. In Deutschland würde dann nach einer kurzen Frist vollstreckt. Hiervon wird im Ausland oftmals abgesehen, da der Schuldner über kein sonderlich werthaltiges Vermögen mehr verfügt. Der Gläubiger (in diesem Fall die Bank) erhielte bei einer Vollstreckung beispielsweise alte Maschinen, die bei einer Versteigerung nichts mehr erlösen würden. (Während der ersten Griechenland-Rettung wurde das Land aufgefordert seine Steuerforderungen einzutreiben. Eine der höchsten Forderungen bestand allerdings gegen einen Kaufhausbetreiber, dessen Kaufhaus bereits 20 Jahre zuvor abgebrannt und nicht wiederaufgebaut worden war. Die Forderung hatte entsprechend keinen Wert.)

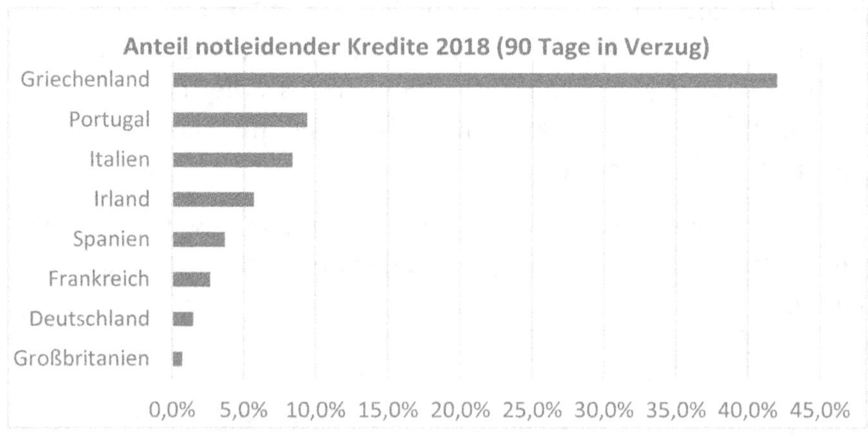

Abb. 13 Anteil notleidender Kredite wichtiger Großbanken nach Ländern 2018[58]

(Die faulen deutschen Kredite dürften zu einem erheblichen Teil aus Schiffsfinanzierungen stammen. Durch das Überangebot an

---

[58] Handelsblatt, 16.08.2019, S. 32-33

Containerschiffen sowie dem Ausbau des Panama-Kanals sind die Frachtraten gesunken, so dass die Kredite schwerer zu bedienen sind.)

Das Eigenkapital dient als Puffer zum Ausgleich etwaiger Verluste. Die typische Eigenkapitalquote liegt im Bankensektor um die 10%, d.h. 90% der Bilanz müssen früher oder später an Anleger (Sparer) zurückgezahlt werden. Würde eine griechische Bank alle faulen Kredite ausbuchen, würde das Eigenkapital aufgezehrt und sie hätte ein negatives Kapital. Sie wäre faktisch selber pleite und kein rationaler Mensch würde ihr noch Geld anvertrauen. Das Risiko es nicht zurückzuerhalten wäre zu groß. Daher können diese Banken nur am Leben erhalten werden, wenn sie nicht oder nur behutsam ausbuchen müssen. Damit sie die heimische Wirtschaft mit günstigen Krediten stimulieren können und um selber überhaupt noch ihre Kosten decken zu können, müssen diese Banken die Möglichkeit haben selber super-günstig Kredite bei der EZB aufnehmen zu können. Daher dürfen bzw. können die Zinsen nicht steigen.

Somit müssen als Folge der wirtschaftlichen Schwäche der Südländer die Zinsen auf einem niedrigen Niveau verharren. Die Konsequenzen sind ein schwacher Euro und hohe Leistungsbilanzüberschüsse Deutschlands. Die bei Eurostat abrufbare Handelsbilanz-Statistik – diese enthält den Saldo der gelieferten Waren – zeigt, dass 2016 erstmals der Euroraum ohne Deutschland positiv abschloss. D.h. der Wert der Exporte raus aus dem Euroraum lag über dem Wert der Importe. Die Verbesserung resultierte u.a. aus den positiven Entwicklungen in Italien, Spanien und den Niederlanden während Frankreichs negativer Saldo stieg. Ein Teil der Verbesserung dürfte auf den Unterlass von Investitionen zurückzuführen sein. Länder wie Griechenland müssen für den Bau von Zugstrecken oder Krankenhäusern sehr viel im Ausland einkaufen. Investieren sie nicht mehr in derartige Projekte, verbessert sich automatisch ihr Handelsbilanzsaldo. Der Handelsbilanzüberschuss Italien wäre wiederum ohne den Export landwirtschaftlicher Güter nicht machbar. Diese hängen wiederum von der Ausbeutung afrikanischer Erntehelfer ab, die für 1 bis 2 Euro/ Stunde arbeiten und letztlich als „Sklaven" (Matteo Salvini) dienen. Ohne diese Helfer wären große Teile der Landwirtschaft nicht wettbewerbsfähig. Wie in der vierten Staffel der Mafia-Serie Gomorrha gezeigt wurde, drücken Afrikaner die Stundenlöhne in der süditalienischen Textilindustrie auf 2 bis 3 Euro. In Nord-Italien sitzen zehntausende Chinesen[59] zu Dumping-Löhnen an den Nähmaschinen. Ohne deren Hilfe bzw. Ausbeutung wäre Italiens Handelsbilanzsaldo[60] deutlich schlechter. (Ein italienisches Problem stellt bekanntlich die ungleiche Verteilung innerhalb des Landes dar – hier Nord-Italien, dort Süd-Italien.)

Handelsbilanzsaldo in Mrd. Euro

	2006	2008	2010	2012	2014	2016	2017
Euroraum (19 Länder)	-33,4	-62,5	-13,5	80,9	181,8	265,1	236,0
Deutschland	160,4	177,5	154,0	191,7	216,5	251,7	248,3
Euroraum ohne D.	**-193,8**	**-240,0**	**-167,5**	**-110,8**	**-34,6**	**13,4**	**-12,4**

Abb. 14 Handelsbilanzsalden Euroraum und Deutschland 2006-17

Die Tabelle legt nahe: Hätte Deutschland eine eigene Währung, wäre diese härter als der Euro. Was würde diese für die großen Unternehmen bedeuten? Entweder müssten Sie ihre Preise senken oder aber müssen Exportrückgänge in Kauf nehmen. Das Handelsblatt hat untersucht, um wieviel sich das Ergebnis (EBITDA = Ergebnis vor Zinsen, Abschreibungen und Steuern) verändert, wenn der Euro längerfristig um 5% gegenüber dem Dollar steigt[61]:

---

[59] https://www.zeit.de/2014/30/chinesen-italien-textil-industrie
[60] https://de.statista.com/statistik/daten/studie/15619/umfrage/handelsbilanz-von-italien/
[61] Handelsblatt, 29.01.2018, S. 5

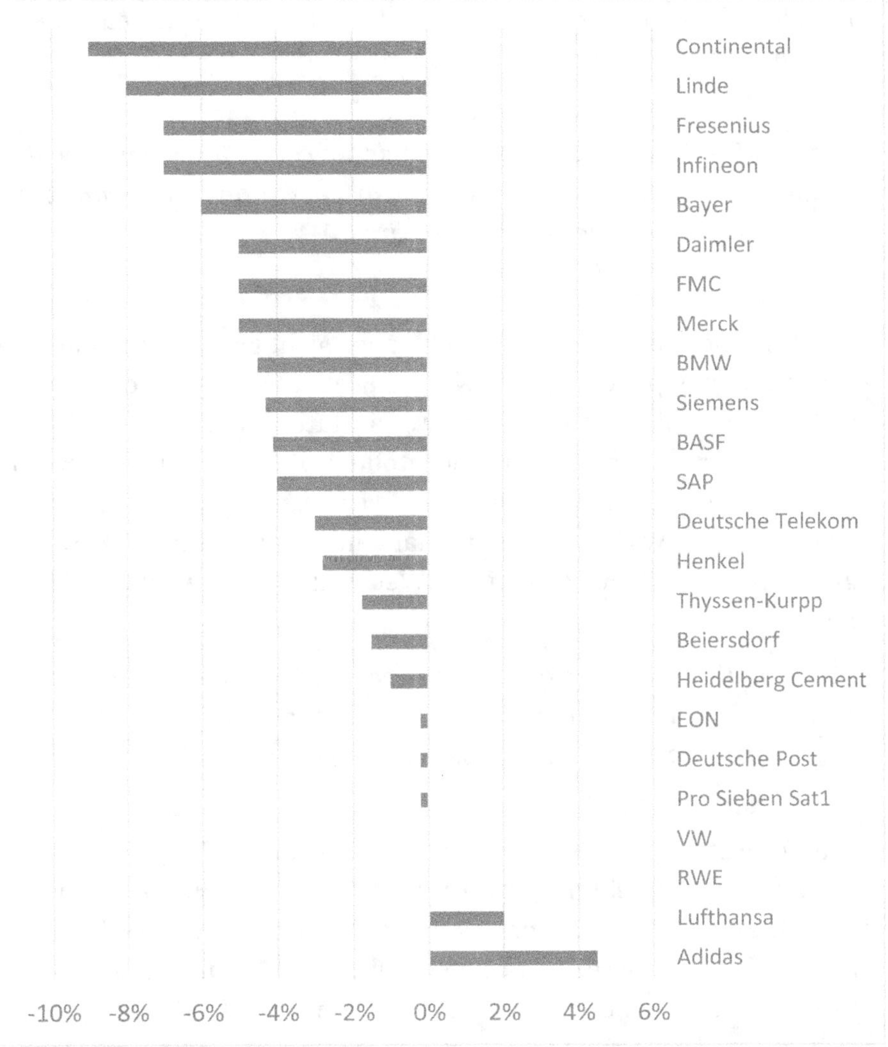

Abb. 15 Prognostizierte Gewinnveränderung der DAX-Konzerne bei Anstieg US-Dollar

Bis auf wenige Ausnahmen (z.B. Lufthansa kauft viel Kerosin in US-$) hätten alle Unternehmen Nachteile bei einem Anstieg des Euros. Ihr bisheriger Vorteil geht aber zu Lasten der Verbraucher. Mit anderen Worten: Der für Deutschland viel zu schwache Euro subventioniert massiv die Export-orientierten Konzerne, deren Vorstände in der Folge hohe Boni kassieren können.

Da Deutschland fest im Euro eingebunden ist, gibt es nur eine Stellschraube die hohen und zunehmend kritisierten Überschüsse zu reduzieren:

„Um den Leistungsbilanzüberschuss wirklich zu drücken, müssten die Löhne massiv steigen. Die deutschen Exporte würden teurer, und der private Konsum würde kräftig zulegen.[62]"

Dies wird von der Bundesregierung aber nicht gewollt, weshalb dieser wichtige Aspekt bei der Erwiderung auf die Kritik zu den deutschen Überschüssen stets negiert wird. Stattdessen wird nur die Leistung der deutschen Industrie („tolle Produkte") hervorgehoben. Wenn die deutschen Autos so toll sind (woran eigentlich nicht gezweifelt wird), warum kosten sie dann in den USA rund 20% weniger als in Deutschland?[63] Weil die Wechselkursvorteile dies erlauben!

„Aus dem Euro auszusteigen und nationale Währungen wieder einzuführen, ist viel teurer als gemeinhin angenommen. (...) was wiederum die D-Mark enorm verteuern würde und die deutsche Exportwirtschaft ruinieren dürfte."[64]

Nun, Zielsetzung dieser Schrift ist nicht die Abschaffung des Euros, sondern die Darstellung der Kosten des Status quo für den „Normalbürger". Gleichwohl anmerken möchte der Autor, dass die Schweiz zwar unter dem starken Franken leidet, aber noch immer über eine funktionierende Exportwirtschaft verfügt. Das obige Zitat belegt, dass Deutschland im Export massive Vorteile und entsprechende Nachteile im Import haben muss. Übrigens ist zumindest Süddeutschland mit der Schweiz vergleichbar. 2014 hat die OECD

---

[62] B. Rürup in Handelsblatt, 29.05.17, S. 12

[63] http://www.stern.de/noch-fragen/warum-sind-deutsche-autos-in-den-usa-deutlch-billiger-als-hier-1000237941.html

[64] C. Hoffmann: Bekennen wir uns endlich zur Währungsunion, in Süddeutsche Zeitung 04.06.2017, http://www.sueddeutsche.de/wirtschaft/samstagsessay-mehr-mut-zum-euro-1.3532607

festgestellt, dass Baden-Württemberg und Bayern von ihrer Wirtschaft her gesehen eher zur Schweiz als zu Deutschland passen würden[65].

Die Älteren mögen der „Deutschen Mark" (DM) nachtrauern. Diese galt als hart und ermöglichte eine hohe Kaufkraft im Ausland. Die italienische Lira hingegen galt als Beispiel für eine „weiche" Währung. Alleine die Relation beim Wechselkurs bestätigte das Gefühl, dass die Lira nichts wert war: Für 1.000 Lira bekam man kurz vor der Euro-Einführung gerade 1 DM. Im Zeitraum 1958 bis 1998 (Beginn Euro) sank der Wechselkurs von etwa 6,75 DM auf die besagte 1 DM, wie eine interessante Grafik-Sammlung der Volkswirtschaftlichen Fakultät an der LMU München[66] zeigt. Begleitet wurde diese permanente Abwertung der Lira von italienischen Inflationsraten, die mit zwei oder drei Jahren Ausnahme stets über der deutschen Inflationsrate lagen. In der Spitze (1975) betrug die Preissteigerung in Italien stolze 26% in nur einem Jahr, in Deutschland sechs oder sieben Prozent, wie der besagten Grafik-Sammlung zu entnehmen ist. Die hohe italienische Inflation war eine Folge der schwächer werdenden Währung, so dass sich die Importe stetig verteuerten.

Exkurs Wettbewerbsfähigkeit Italiens

Wenn über Italien gesprochen wird, ist häufig die im Vergleich zu Deutschland geringere Produktivität ein Thema. Deutschland hatte zuletzt zwei heiße Sommer hintereinander. Arbeitswissenschaftler wiesen darauf hin, wie wichtig zusätzliche Pausen sind[67]. Klimaforscher wiesen darauf hin, dass Deutschland sukzessive das Klima zu erwarten habe, das heute bereits im tiefen Süden herrscht[68]. Nun, dieses Klima hat Italien schon seit Jahren. Heiße Sommer ohne Abkühlung in der Nacht, wie wir sie bislang hatten, und in der Früh 30

---

[65] https://www.welt.de/wirtschaft/article129432649/Bayern-passt-besser-zur-Schweiz-als-zu-Deutschland.html

[66] http://www.sfm.econ.uni-muenchen.de/lehre/archiv/wise_2008_09/waehrungstheorie/unterlagen_ws_08_09/wechselkurs_italien.pdf

[67] https://www.marktundmittelstand.de/personal/das-muessen-arbeitgeber-gegen-die-hitze-unternehmen-1217631/

[68] https://journals.plos.org/plosone/article?id=10.1371/journal.pone.0217592

Grad. Wie können wir da überhaupt eine vergleichbare Produktivität erwarten? Italien hat einfach einen klimatischen Standortnachteil, der nichts mit Dolce vita zu tun hat.

Wenn aber die Produktivität systembedingt eine andere ist, kann dann überhaupt eine einheitliche Währung funktionieren?

Durch den Euro wurden starke und schwache Währungen „zusammengeworfen". Die Verbindung überstand sogar solch elementare Ereignisse wie die Finanzkrise und ihren bis heute anhaltenden fiskalpolitischen Folgen (Null-Zinspolitik bzw. Negativ-Zinsen).

Angenommen, der Euro wäre nicht eingeführt worden, ergäbe sich ein Szenario, dass der Autor auf Grund der Komplexität und seines eigenen beschränkten Intellekts nicht durchspielen kann. (Ginge es Griechenland dann besser oder wäre es untergegangen?) Stattdessen unterstellt der Autor, dass sich die DM mehr oder minder wie der Schweizer Franken entwickelt hätte. Auch hier müssen diverse Sonderfaktoren außer Acht gelassen werden, die eher im Rahmen einer Dissertation erörtert werden könnten. Teilweise hat der Franken als alternativer sicherer Hafen zum Euro profitiert, teilweise gab es Schweiz-besondere Sonderfaktoren: Zu Beginn der Finanzkrise drohte die Großbank UBS regelrecht unterzugehen und die ganze Schweiz mit zu reißen. (Die Bilanzsumme der UBS übertraf das Bruttosozialprodukt der Schweiz um ein Vielfaches.) Die damalige Dramatik kann erahnen, wer auf YouTube nach *„Wie die UBS in den Strudel der Finanzkrise geriet"*[69] sucht. Er wird eine insbesondere während der ersten Minuten beeindruckende Dokumentation des Schweizer Fernsehens sehen. (Das nichts spannender als Wirtschaft ist, zeigt die Szene in Minute 1:40: Der dort selbstsicher argumentiere Luqman Arnold war zu dem Zeitpunkt noch Chef eines Hedgefonds, der Mrd. Euro in die UBS investiert hatte. Wie so üblich, verlieh der Fonds seine Aktien gegen Gebühr an eine Bank, die damit Optionsgeschäfte abdecken konnte. Sein Pech bzw. das seiner

---

[69] Oder: https://www.youtube.com/watch?v=BOBs3vaoh2U

Anleger: Er verlieh die UBS-Aktien an Lehman Brothers. Lehman ging kurze Zeit später in Insolvenz und die Aktien wurden Bestandteil der Insolvenzmasse[70]. Arnolds Partner beginn Selbstmord.)

Zu den Besonderheiten der Schweiz gehört neben der Finanzkrise, von der sich ihre beiden Großbanken UBS und Credit Suisse zwischenzeitlich besser als die Deutsche Bank erholt haben, das Aufweichen des Bankgeheimnisses und die Jagd auf Steuersünder außerhalb der Schweiz. Dies vorweg, ansonsten erscheint ein Vergleich der beiden Volkswirtschaften mit ihrer jeweils geringen Arbeitslosenquote möglich. In beiden Ländern nimmt die Zahl der Beschäftigten seit Jahren zu[71] – in Anbetracht starker Zuwanderung wohl ein besserer Indikator als die Arbeitslosenquote.

Vor diesem Hintergrund werden später die auf Jahressicht mittleren Devisenkurse auf Basis von Daten der Schweizer Nationalbank dargestellt. Vor der Einführung des Euros erhielt man für einen Euro-Äquivalent 1,60 Franken. Anfang des Jahrtausends (es gab bereits den Euro als Buchgeld) erhielt man um die 1,50 Franken. In der Folge der Euro-Krise aber immer weniger. Die Folgen: Ein vorher bereits teurer Schweiz-Urlaub ist für Deutsche nun (fast) unbezahlbar geworden. Meine Familie speist auf der Durchfahrt nach Frankreich regelmäßig bei IKEA-Bern, eine mir bekannte erfolgreiche Unternehmerfamilie im Migros-Restaurant. Die Übernachtungen von europäischen Gästen in der Schweiz sanken von 2008 bis 2015 um extrem hohe 29%[72]. (Zu den europäischen Gästen zählen auch solche aus Ländern mit eigener Währung – Briten, Skandinavier – ohne die der Rückgang noch höher gewesen wäre.) Im Gegenzug strömen jeden Freitag Tausende Schweizer nach München um hier am Wochenende (in der teuersten Stadt Deutschlands!) für ihre Verhältnisse günstig zu speisen und einzukaufen. (Vom tägli-

---

[70] http://www.manager-magazin.de/unternehmen/artikel/a-581929-amp.html

[71] Bei Interesse für die Schweiz: https://www.bfs.admin.ch/bfs/de/home.html

[72] Bundesamt für Statistik (Schweiz): Schweizer Tourismusstatistik 2015, S. 14 oder https://www.bfs.admin.ch/bfs/de/home/statistiken/tourismus.assetdetail.1347709.html

chen Einkaufstourismus nach Konstanz, Bregenz oder Friedrichshafen der Schweizer ganz zu schweigen.) Die Zahl der Ankünfte von Schweizern in Deutschland erhöhte sich von 2008 bis 2015 von 1,8 Mio. auf 3,0 Mio.[73]

Die Zusammenfassung des zuvor Ausgeführten:

	Europäer in die Schweiz	Schweizer nach D.
2008 bis 2015	- 29%	+ 67%

Abb. 16 Entwicklung Ankünfte Europäer in Schweiz, Schweizer in EU 2008-15

Eine solch konträre Entwicklung ist nur mit dem Wechselkurs zu erklären. Selbst wenn der Rückgang in Höhe von 29% spaßeshalber mit der Einstellung von Schwarzgeld-Transporten in die Schweiz erklärt würde, wäre dies keine Begründung für den umgekehrten Anstieg von 67%.

Die Bertelsmann-Stiftung nannte 2013 als Prämisse für ein Szenario Euro-Austritt, dass die Wiedereinführung der D-Mark zu einer Aufwertung für Deutschland in Höhe von 23% und zu einer Abwertung des restlichen Euro-Raums um 7% führen würde[74] (die erwähnten 7% sind für Geschäfte mit dem Dollar-Raum ohne Belang, wohl aber für solche mit Italien). Ein Urlaub in Italien könnte um 30% günstiger sein (23% Aufwertung + 7% Abwertung). Diese Aussage kann ich in etwa auf Basis der nachfolgenden Datenauswertung bestätigen.

Die nachfolgende Tabelle enthält viele Zahlen und zeigt, dass der Dollar im Mittel der letzten acht Jahren in etwa so viel kostete wie im Mittel der vorherigen acht Jahre: Der Euro ist daher eine scheinbar stabile Währung, wobei auf den starken Rückgang 2014 auf

---

[73] Incoming Tourismus Deutschland 2017: Schweiz, S. 10 bzw. https://www.germany.travel/media/pdf/marktinformationen_lang_/regionalmanagement_suedwesteuropa/Schweiz.pdf
[74] https://www.bertelsmann-stiftung.de/fileadmin/files/BSt/Presse/imported/downloads/xcms_bst_dms_37722_37723_2.pdf , S. 4

2015, von dem sich der Euro noch nicht wieder erholt hat, hingewiesen wird. Für den Bürger, der tankt, heizt oder in den USA Urlaub machen will, scheint die relative Stabilität durchaus positiv, ist
doch keine Verschlechterung zu erkennen (wird das Niveau seit
2015 fortgeschrieben, kommt sie aber noch). Interessant wird es,
wenn wir den Dollar dem Schweizer Franken gegenüberstellen. Im
Vergleich zum Franken hat der Dollar beim gleichen Vergleich rund
23% an Wert verloren. Für unsere Überlegung (Kosten des Euros)
stellt sich die Frage wie sich eine eigenständige deutsche Währung
ohne Einfluss der südlichen Euro-Volkswirtschaften entwickelt
hätte. Die Antwort ist recht einfach: Sicherlich mehr oder minder
vergleichbar mit der Entwicklung des Franken; die Bertelsmann-
Zahlen werden bestätigt. Die rechte Spalte zeigt daher die Entwicklung des Euro zum Franken: Der Franken konnte im Mittel um 23%
zulegen. Dies erklärt, warum beispielsweise die Schweiz uner-
schwinglich geworden ist und Schweizer zum Einkauf ins Ausland
strömen – sei es nach Deutschland und Österreich oder auch nach
Frankreich bzw. Italien.

	1 Euro = ... Dollar	1 Dollar = ... CHF	1 Euro = ... CHF
2002	0,945	1,556	1,467
2003	1,131	1,345	1,521
2004	1,244	1,242	1,544
2005	1,244	1,246	1,548
2006	1,256	1,253	1,573
2007	1,371	1,200	1,643
2008	1,471	1,083	1,587
2009	1,395	1,085	1,510
Ø 2002--2009	**1,257**	**1,251**	**1,549**
2010	1,326	1,042	1,381
2011	1,392	0,887	1,234
2012	1,285	0,938	1,205
2013	1,328	0,927	1,231
2014	1,329	0,915	1,215
2015	1,110	0,963	1,068
2016	1,107	0,985	1,090
2017	1,130	0,985	1,116
2018	1,180	0,986	1,155
Ø 2010-18	**1,243**	**0,959**	**1,188**
Ø 2010-18 zu Ø 2002-2009	**-1,13%**	**-23,38%**	**-23,29%**

(Lesebeispiel: Ein Euro hatte 2010 den Gegenwert von 1,33 Dollar, 2018 von 1,18 Dollar. Für einen Euro erhielt man daher im Mittel der Jahre 2010-18 1,1% weniger Dollar als im Zeitraum 2002-2009. Aber im Vergleich zum Franken büßte der Euro richtig ein.)

Abb. 17 Wechselkursentwicklung Euro/ Dollar, Euro/ CHF, Dollar/ CFH 2002-18

Per Saldo kann gesagt werden, dass eine eigenständige deutsche Währung im Mittel deutlich höher als der Euro notiert hätte (also vergleichbar mit dem Franken) und das diese 23% dem Verbraucher beim Kauf importierter Waren und vor allem beim Urlaub vorenthalten werden – Jahr für Jahr. Ein Sicherheitsabschlag für diese These ist nicht notwendig, da in der Berechnung die Jahre 2010-14 bereits dem aktuellen Wert zugeordnet wurde. Diese Jahre haben den Durchschnitt erhöht. Dieser Wert wird auch durch in der Wirtschaftspresse durchaus beachteten und von der Zeitschrift „The Economist" gepflegten Big Mac-Index bestätigt. Dieser soll die Kaufkraft der Währungen durch den Vergleich der jeweiligen lokalen Big Mac-Preise ermitteln. Für Deutschland wurde 2014 eine Unterbewertung von 21,7% ermittelt[75].

Übrigens profitiert der Staat indirekt von Kursrückgängen des Euros. Da die Verbraucher ihren Konsum nicht umgehend oder proportional senken, müssen sie mehr für ihren Einkauf zahlen mit der Folge, dass sich die Einfuhrumsatzsteuer, die auf Einfuhren aus Nicht-EU-Ländern erhoben wird, erhöht. Wie oben gezeigt, hat sich der Dollar von 2014 auf 2015 um 16% verteuert. Die Folge war ein Anstieg der Einfuhrumsatzsteuer um 2 Mrd. Euro[76] bzw. um 25 Euro je Bürger. *(Allerdings kam es auch von 2016 auf 2017 zu einem deutlichen Anstieg von 4,7 Mrd. ohne dass sich der Wechselkurs bedeutend geändert hätte.)*

Welche Optionen hat ein deutscher Maschinenbauer, der gegen Schweizer Hersteller auf dem Weltmarkt konkurriert? Er könnte entweder – in Dollar gerechnet – seine Preise senken und so radikal Marktanteile gewinnen oder aber seine Preise nur ein wenig senken und dafür seinen Gewinn massiv erhöhen. Beides sei ihm gegönnt, doch sollten wir uns bewusst sein, dass der Normalverdiener dies durch höhere Importpreise bezahlt. Und wie schon gesagt, das

---

[75] https://de.wikipedia.org/wiki/Big-Mac-Index aktuelle Werte für die Euro-Zone: http://www.economist.com/content/big-mac-index

[76] Bundesfinanzministerium: Kassenmäßige Steuereinnahmen nach Steuerarten in den Kalenderjahren 2010 - 2016 , S. 2, abrufbar unter http://www.bundesfinanzministerium.de/Content/DE/Standardartikel/Themen/Steuern/Steuerschaetzungen_und_Steuereinnahmen/2017-05-05-steuereinnahmen-nach-steuerarten-2010-2016.pdf?__blob=publicationFile&v=5

Argument der Wirtschaft muss es sehr, sehr gut gehen damit sie Arbeitsplätze schaffen kann, gilt nur noch bedingt in Zeiten der absoluten Vollbeschäftigung und des Fachkräftemangels.

Graphisch ergibt sich auf Basis von Daten der Deutschen Bundesbank folgende Entwicklung:

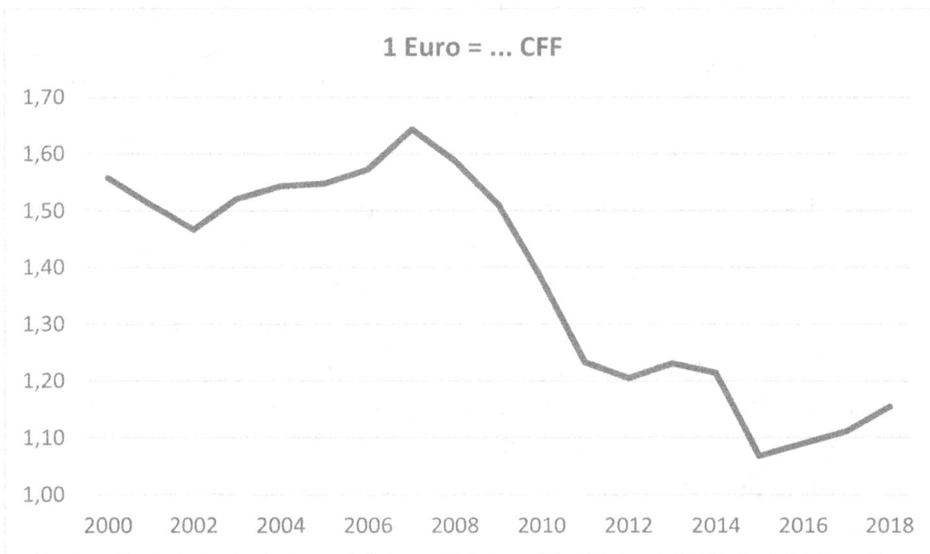

(Die Spitze in 2007 dürfte mit der oben erwähnten fundamentalen Krise der Schweizer Großbank UBS zusammenhängen. Die Jahre zuvor zeigen, dass der Franken früher eher bei 1,50 lag um die besagten 23% gewonnen hat.)

Abb. 18 Wechselkursentwicklung Euro-CHF (Grafik) 2000-18

Das Wechselkurs-Verhältnis zur Schweiz ist für den Normalbürger naturgemäß nicht so bedeutend. Bedingt durch die Cross-Rate[77] trifft der 20%-Gedanke aber auch auf den Dollar zu. Dies wird durch die Betrachtung der beiden Spalten in der obigen Tabelle bewusst: Während sich das Verhältnis Dollar zum Franken um 23% verschlechtert hat, ist der Dollar zum Euro konstant geblieben. Da der Dollar die Leitwährung ist mit der etwa 80% des Welthandels

---

[77] https://de.wikipedia.org/wiki/Kreuzkurs

abwickelt wird[78], kann also davon ausgegangen werden, dass der Verbraucher im Mittel der vergangenen Jahre durch die Euro-Mitgliedschaft Deutschlands 20% mehr für Importe zahlen muss als bei einer eigenständigen rein-nationalen Währung.

Auf der Gegenseite profitiert Deutschland beim Export von der niedrigeren Wechselkurs-Bewertung. Zwischen 1999 (Euro-Fixierung) und 2014 konnte die Exportquote des Sozialproduktes von 26% auf 45% gesteigert werden[79]. Aber Exporterfolge kommen zunächst nur den Unternehmen zu Gute. Vermutlich aus diesem Grund stiegen die Gewinne der DAX-Konzerne zuletzt sehr stark[80,81]: Da der Anteil der nachweisbaren deutschen Aktionären an DAX-Konzerne nur rund 36% beträgt[82], profitieren hiervon primär ausländische Aktionäre. Die Arbeitnehmer profitieren in der Folge durch ein verbessertes Arbeitsplatzangebot. Da in Deutschland aber ohnehin in weiten Teilen ein akuter (Fach-) Kräftemangel herrscht, hat die Bedeutung dieses Vorteils für Arbeitnehmer deutlich abgenommen: Auch ohne neue Exporterfolge sind die Arbeitsmarktchancen i.d.R. sehr gut. Durch die Demographie – viele Fachkräfte werden in den nächsten Jahren in Rente gehen – gilt dies auch für die Zukunft. Das Beispiel Schweiz (stetige Zunahme der Beschäftigtenzahl) lässt zudem eine gewisse Robustheit der ausländischen Kundennachfrage auch bei steigenden Preisen erahnen sofern die zu exportierenden Güter eine hohe Qualität aufweisen.

---

[78] https://www.focus.de/finanzen/experten/rohmann/waehrungskrieg-wie-die-usa-mit-der-dollar-waffe-die-welt-beherrschen_id_4289973.html
[79] http://www.zeit.de/2016/43/europaeische-union-brexit-italien-spaltung/seite-2
[80] http://www.boerse.de/indizes/gewinnentwicklung-dax/grafik
[81] http://www.handelsblatt.com/politik/konjunktur/nachrichten/umsatz-und-gewinn-dax-konzerne-erreichen-neue-rekordwerte/19526386.html
[82] https://www.faz.net/aktuell/finanzen/finanzmarkt/studie-dax-weiter-mehrheitlich-in-auslaendischer-hand-15559163.html nachweislich ausländischer Besitz 54%, Rest ist nicht nachweisbar.

Die Arbeitslosenquote der Schweiz ist trotz der für sie zweifelsohne teilweise kritischen Wechselkurse und des enormen Zuzugs erstaunlich stabil[83]: Etwaige Negativ-Entwicklungen des teuren Frankens können sich allerdings in der Zukunft zeigen, sollten die Schweizer Unternehmen weniger investieren. (Die Investitionsquote der deutschen Unternehmen wird gleichwohl ebenfalls als zu niedrig angesehen.) Mein persönlicher Eindruck ist zudem, dass minderqualifizierte in der Schweiz auch unter Berücksichtigung der höheren Lebenshaltungsquote (also relativ betrachtet) über ein höheres Einkommen als ihre deutschen Kollegen verfügen.

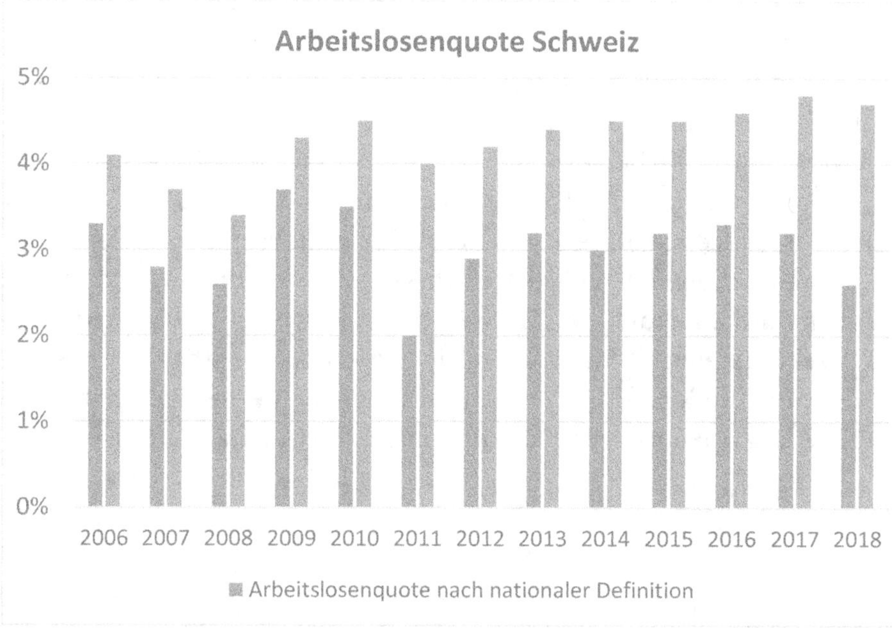

Abb. 19 Arbeitslosenquote Schweiz 2006-18

Welche importierten Güter/ Dienstleistungen nutzt der Verbraucher und wo zahlt er somit „darauf"? Sehr viele, wie später gezeigt werden wird.

---

[83] https://de.statista.com/statistik/daten/studie/17329/umfrage/arbeitslosenquote-in-der-schweiz/

Exkurs: Arbeitslosenquoten im Vergleich

Erfreulich wäre, wenn der schwache Euro-Kurs nicht nur Deutschland helfen würde. Leider ist er für die Volkswirtschaften zahlreicher anderer Länder aber bei aller Schwäche noch immer zu hoch. Ihre Produktivität und ihre Innovationskraft sind zu gering, weshalb die Arbeitslosenquote in Deutschland niedrig, in den anderen Ländern sowohl der EU- wie auch der Euro-Zone durchschnittlich bedeutend höher ist. Dass der Euro für diese Länder zu hoch ist, verwundert nicht – wird er doch quasi von Deutschland subventioniert. Hätte Deutschland eine eigene Währung und somit nicht den Euro, würde dieser wesentlich schwächer notieren.

Auffallend ist, dass die Jugendarbeitslosigkeit signifikant über der Gesamtarbeitslosigkeit liegt, in die die Jugendarbeitslosigkeit bereits einfließt. D.h. bei Betrachtung der Arbeitslosenquote der Gruppe ab 25 Jahre, läge die Jugendarbeitslosenquote vermutlich um den Faktor 3 über der Gruppe der 25 Jahre +. Zukunftspotential schaut anders aus:

	Jugendliche bis 24 Jahre[84]	Gesamt[85]
EU-Raum	14,9%	6,5%
Euro-Zone	16,5%	7,8%
Deutschland	6,0 %	3,2%

Abb. 20 Arbeitslosenquoten bis 24 Jahre und Gesamt EU-Raum im Januar 2019

Hervorzuheben ist auch die extrem Schwankungsbreite zwischen den Ländern (und hier sicherlich auch innerhalb der Länder – die Arbeitslosenquote ist in Bayern viel niedriger als in Bremen oder dem Ruhrgebiet):

---

[84] https://de.statista.com/statistik/daten/studie/74795/umfrage/jugendarbeitslosigkeit-in-europa/
[85] https://de.statista.com/statistik/daten/studie/160142/umfrage/arbeitslosenquote-in-den-eu-laendern/

	Jugendliche bis 24 Jahre	**Gesamt**
Griechenland	39,1 %	18,5 %
Tschechien	6,1 %	2,1 %
Deutschland	6,0 %	3,2 %

Und: Die hohe Jugendarbeitslosigkeit in Griechenland oder Italien (33%) bzw. Spanien (32,6%) ist umso erschreckender, wie hunderttausende jüngere Menschen auf der Suche nach Arbeit ihre Heimat bereits verlassen haben. Ohne diesen Exodus wäre die Jugendarbeitslosigkeit also noch höher. Im dargestellten Tschechien, das ähnliche wie Deutschland boomt, steigen die Löhne seit Jahre zwischen 5 und 8%[86].

---

[86] https://www.tschechien-wirtschaft.de/article/loehne-in-tschechien-steigen-seit-jahren-kontinuierlich-an/

Der US-Präsident Trump beklagt sich bekanntlich über den hohen Handelsbilanzsaldo Deutschlands. Deutschlands Exporte in die USA sind in den vergangenen Jahren wesentlich stärker gestiegen als seine Importe. Die nachfolgende Grafik auf Basis von Daten des Statistischen Bundesamtes zeigt einen starken Anstieg des Saldos von 2009 bis 2014 – seitdem leichter Rückgang. Ohne die Kapazitätserweiterung der vorhandenen Automotive und dem Bau neuer Fabriken vor Ort bzw. in Mexiko dürfte der Saldo heute höher sein.

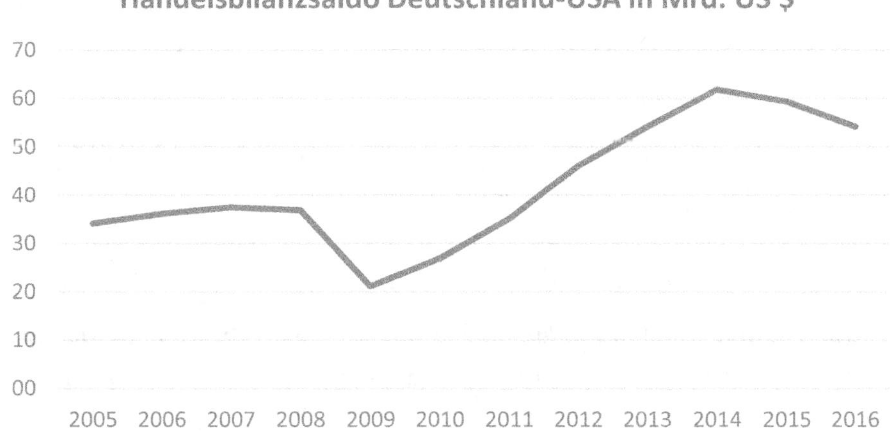

Abb. 21 Handelsbilanzsaldo Deutschland-USA 2005-16

Der Saldo der Schweiz[87] war übrigens volatiler, im Trend ohne substanzielles Wachstum.

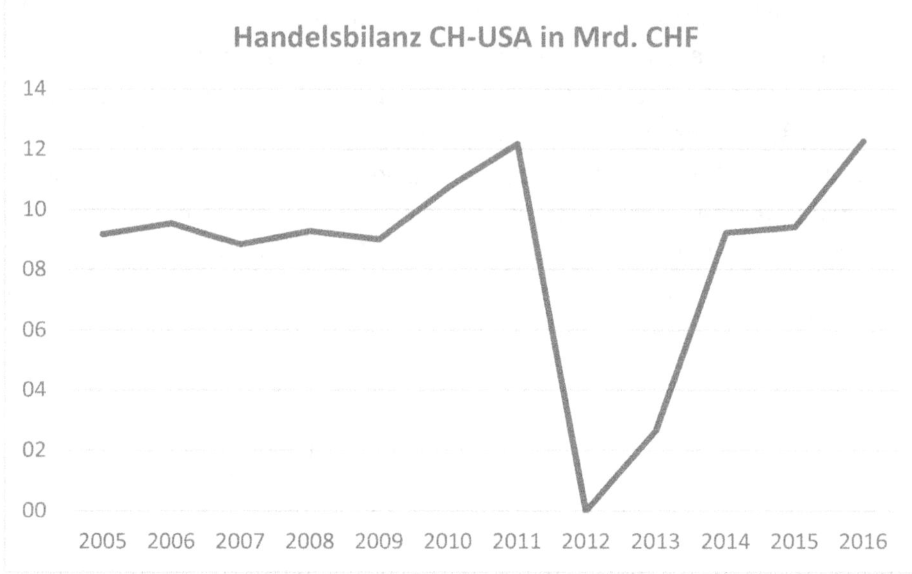

Abb. 22 Handelsbilanzsaldo Schweiz-USA 2005-16

Ein geringer Teil des (deutschen) Anstiegs ist sicherlich auf das Bevölkerungswachstum der USA zurückzuführen – immerhin + 4%. Mehr Menschen konsumieren auch mehr. Die Frage ist, wie lässt sich der restliche Anstieg des deutschen Saldos begründen? Bundeskanzlerin Merkel verwies in einer abendlichen Sendung auf die guten deutschen Produkte, die helfen die USA wettbewerbsfähiger zu machen. Und die Schweiz? Diese hätte dann an Innovationskraft verloren.

„Die Theorien von heute Abend glaubt mir nicht mal meine Oma."

(Die Sterne in ihrem Lied „Scheiß auf deutsche Texte"[88])

---

[87] Bundesamt der Statistik (CH) bzw. https://www.bfs.ad-min.ch/bfs/de/home/statistiken/industrie-dienstleistungen/aussenhan-del/handelsbilanz-einfuhr-ausfuhr.assetdetail.2680766.html incl. eigene Berechnungen
[88] https://molily.de/sterne/liedtexte-posen

Nun, mein Eindruck ist subjektiv. Ich denke aber, dass die US-Wirtschaft in den vergangenen Jahren eher interessantere Produkte als zuvor auf den Markt gebracht hat. Neben den Produkten der Tech-Branche incl. Apple haben die USA heute vermutlich bessere Autos als vor 8 Jahren. Zu nennen sind Tesla und die Autos, die primär für den amerikanischen Markt gebaut werden aber zunehmend wohl auch unseren Qualitäts- und Innovationsvorstellungen entsprechen würden. Cadillac offeriert beispielsweise einen Rückspiegel, in dem permanent die Bilder einer rückwärtigen Kamera eingespeist werden. So kann man sein Auto beladen wie man möchte, hat aber noch immer vollständige Sicht nach hinten. Eine Innovation, die deutsche Firmen m.W. noch nicht anbieten. Vor einigen Jahren hätte ich mir nur zwei amerikanische Autos gekauft: Einen holzverkleideten SUV, weil er so schräg ausschaut und ein originell gepimpter Wagen, den ich häufiger im Münchner Herzogpark sah: Eine typische US-Limousine, deren Emblem auf dem Kühlergrill durch ein Freistaat Bayern-Schild ersetzt worden war. Heute hätte ich mit einigen US-Modellen kein Problem.

Vor diesem Hintergrund glaube ich, dass der Anstieg des Saldos nur bedingt auf bessere Produkte zurückzuführen ist, sondern auch oder vor allem auf die Vorteile eines Preiswettbewerbs als Folge der aus heutiger Sicht vorhandenen Unterbewertung des Euros. Laut Autobild kosten deutsche Autos in den USA bis zu 45% weniger als in Deutschland, im Durchschnitt trotz Mehrausstattungen gegen etwa 20%[89]. Für die deutschen Autohersteller ist dies dank des gesunkenen Euros kein Problem. Sie profitieren noch immer. Dass der Euro seit Beginn des Jahres 2017 gestiegen ist, ändert nicht allzu viel an den langfristigen Kursrückgängen. Der Anstieg des deutschen Leistungsbilanzsaldos ist nicht nur absolut beachtlich, wie zuvor gezeigt, sondern auch in Relation zum Bruttoinlandsprodukt. Optisch stieg der Saldo nur um drei Prozentpunkte von rund fünf

---

[89] http://www.autobild.de/bilder/bilder-preisvergleich-deutschland---usa-1580288.html#bild2

auf acht Prozent. Aber entspricht dieser Anstieg einer relativen Zunahme von 60% - der schwache Euro hat es ermöglicht[90]:

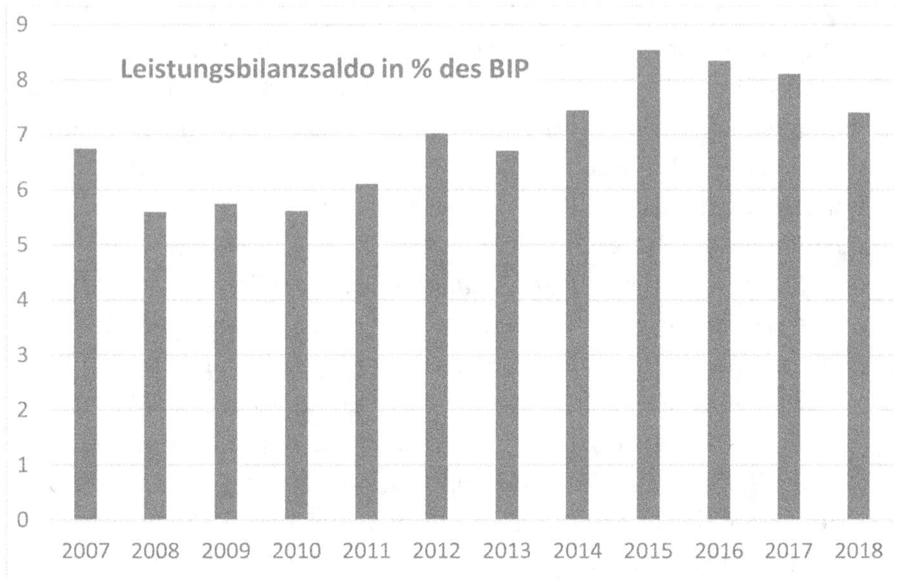

Abb. 23 Leistungsbilanzsaldo Deutschland in % des BIP 2007-18

Wenn Deutschland durch die Wechselkurse massive Vorteile bei den Exporten hat, müssen im Umkehrschluss massive währungsbedingte Nachteile bei den Importen bestehen. Während die Exporte zu wohl 100% von Unternehmen getragen werden, sind bei den Importen die Verbraucher ein wichtiger Player. Nachfolgend werden die Kosten, die die Verbraucher als Folge des schwachen Euros zu tragen haben, erläutert.

---

[90] Vgl. Mallien, J., Wiebe, F.: Harte Kritik am Musterschüler, in Handelslbatt, 19.01.2018, S. 9 sowie für 2018 https://www.wiwo.de/politik/deutschland/leistungsbilanzueberschuss-deutschland-und-der-weltgroesste-ueberschuss-in-der-leistungsbilanz/24011290.html

Benzin

Der Benzinpreis setzt sich zusammen aus Komponenten, die unabhängig von Wechselkursen sind (z.B. Mineralölsteuer oder Produk-
tionskosten) sowie aus variablen Kosten, den eigentlichen Rohstoff-
kosten. Aus diesem Grund sind auf Basis der nachfolgenden Kosten-
struktur eines Liters Benzins[91] nur etwa 14 Cent als „Kosten der
Euro-Zugehörigkeit" zu veranschlagen:

Cent/ Liter	2016	./. 20%	Preis bereinigt
Abgaben ohne MwSt.	66,70		66,70
Wareneinstand/ Produktpreis	47,30	-9,46	37,84
Kosten	11,90		11,90
MwSt.	22,00	-4,4	17,60
Σ	**147,90**	**-13,86**	**134,04**

Abb. 24 Bereinigter Benzinpreis

Der durchschnittliche Kraftstoffverbrauch der Fahrzeuge (vermutlich incl. Diesel, d.h. etwas gedrückt) betrug laut Bundesumwelt-
amt[92] 2015 7,3 Liter/ 100 km. Bei einer durchschnittlichen Fahrleistung 2015 lt. Kraftfahrzeugbundesamt von 13.385 km/ PKW[93]
ergibt sich in etwa ein Verbrauch von 977 Liter/ PKW und Jahr und
somit Euro-Zone spezifische Kosten von 135 Euro/ Jahr. Je nach
Fahrleistung und Verbrauch des Fahrzeuges können die spezifi-
schen Kosten deutlich über oder unter dem genannten Wert liegen.

Die vorherige Rechnung kann bei Bedarf auf andere importierte
Produkte übertragen werden. Wichtig ist dabei das Bewusstsein,
dass der Verkaufspreis in Deutschland nur zu einem eher geringen
Teil aus dem Einkaufspreis der importierten Waren ableitbar ist.

---

[91] https://de.statista.com/statistik/daten/studie/29999/umfrage/zusammen-
setzung-des-benzinpreises-aus-steuern-und-kosten/
[92] http://www.umweltbundesamt.de/daten/verkehr/kraftstoffe
[93] http://www.kba.de/DE/Statistik/Kraftverkehr/VerkehrKilometer/ver-
kehr_in_kilometern_node.html

Ein extremes Beispiel: Eine Prada-Jacke, so die Süddeutsche Zeitung im Jahr 2014, die im Geschäft 1.950 Euro kostet, hätte nur Näh-Kosten in Höhe von 33,80 Euro. Dieses Geld fließt nach Asien (oder vielleicht zwischenzeitlich zu den italienischen Textilfabriken mit afrikanischen oder chinesischen Nähern) und ist abhängig vom Wechselkurs. Gleiches gilt für den Materialanteil. Bei Moncler würden die Herstellkosten (Material + Nähen) einer 1.200 Euro teuren Daunenjacke nur 45 Euro betragen[94].

---

[94] http://verkaufspreis-optimierung.de/luxusartikel-und-ihre-herstellkosten/

Urlaub

Beim Auslandsurlaub könnte man zunächst annehmen, dass die obigen Wechselkursüberlegungen nur für Reisen in den Dollar-Raum gelten. Aber letztlich gelten sie – mit unterschiedlicher Intensität – für jedes Urlaubsland, dass sich wirtschaftlich anders als Deutschland entwickelt hat. So wie eine eigenständige deutsche Währung wohl 20% mehr wert als der Euro hätte, läge der Wert einer eigenständigen italienischen Währung wohl unter dem heutigen Euro-Kurs. D.h. die Schere wäre vermutlich größer als 20%. Laut der besagten Studie der Bertelsmann-Stiftung würde eine deutsche Währung ja um 23% gewinnen, während der Euro 7% verlieren würde. Bei Ländern wie Österreich oder den Niederlanden, die beide eine relativ starke Wirtschaft aufweisen können, ist hingegen nicht mit größeren Abweichungen zu Deutschland zu rechnen. Da von den 55 Mio. Reisen mit einer Dauer ab 5 Tagen, die 2018 getätigt wurden, 73% ins Ausland gingen[95], wäre das Gros der Reisen günstiger, wenn Deutschland nicht den Euro hätte. Deutsche Urlauber haben 2018 rund 79,4 Mrd. Euro für Auslandsreisen ausgegeben. Werden von diesem Betrag eher großzügige 20 Mrd. Euro abgezogen für Urlaube in Österreich, den skandinavischen Ländern oder auch für den Fixkosten-Anteil bei Flügen oder Kreuzfahrten, der bei einer eigenen Währung nicht günstiger würde[96], ergibt sich eine Bemessungsgrundlage von 59 Mrd. Euro. Hiervon könnten bei einer nationalen Währung rund 20% bzw. 12 Mrd. Euro eingespart werden.

Da etwa 78% der Deutschen verreisen, erscheinen Urlaubsausgaben von 1.225 €/ Person[97] für Auslandsreisen p.a. plausibel. Dieser

---

[95] Deutscher Reiseverband (Hrsg.): Der Deutsche Reisemarkt Zahlen und Fakten 2018, S. 22 ff. – Download unter https://www.drv.de/pressecenter/fakten-und-zahlen-zum-reisemarkt.html
[96] Ein auf einer deutschen Werft hergestelltes Kreuzfahrtschiff kostet in etwa fast gleichviel – egal ob es in Euro oder einer nationalen Währung bezahlt wird (günstiger würden lediglich Rohmaterialeinkäufe).
[97] http://www.bild.de/geld/wirtschaft/urlaub/so-viel-geld-geben-deutsche-laut-umfrage-aus-44957794.bild.html

Betrag schließt auch Österreich ein (Kostenniveau wie Deutschland). Dem Leser wird empfohlen, von den eigenen Reiseausgaben 20% zu ermitteln.

Die vorherigen Ausführungen werden in der Tabelle einerseits gesamtwirtschaftlich und dann für den Durchschnittsbürger zusammengefasst dargestellt. Jeden Reisenden kostet der Euro etwa 183 € p.a. – Wer nur in Deutschland Urlaub macht, hat keinen Aufwand, wer nur im Ausland und vielleicht noch dazu luxuriös urlaubt hat einen entsprechend höheren Aufwand. Wer im verbleibenden Euro-Raum seine Ferien verbringt, dürfte zusätzlich von der Abwertung des dann reduzierten Euro-Raumes profitierten. Wie erwähnt, ging die Bertelsmann-Stiftung von etwa 7% aus[98].

---

[98] https://www.bertelsmann-stiftung.de/fileadmin/files/BSt/Presse/imported/downloads/xcms_bst_dms_37722_37723_2.pdf, S. 4

	Mrd.	je Person
Reisende in % der Deutschen		78%
Reiseausgaben 2018	79,4	1.225
Abschlag für fixe Kosten/ Österreich	-20,0	-309
Grundlage	59,4	916
davon 20%	11,9	183
bei 1 Person Haushaltsgröße		183
bei 2 Personen Haushaltsgröße		367
bei 3 Personen Haushaltsgröße		550
bei 4 Personen Haushaltsgröße		733

Abb. 25 Reiseausgaben der Deutschen - Mehrbelastung

Importe

Der Export-Weltmeister Deutschland ist auch eifriger Importeuer. In 2017 wurden Waren im Wert von hohen 1.034 Mrd. Euro importiert. Ein beachtlicher Teil der Waren wird in Deutschland bearbeitet und sodann wieder exportiert. Andere Waren werden zu einem großen Teil schwerpunktmäßig in Unternehmen eingesetzt, z.B. Computer etc. Diese Waren sind für die Überlegungen hier ohne Interesse. Ähnliches gilt für Waren, für die eine Preis-Unelastizität anzunehmen ist. Der ausländische Pharmahersteller hat womöglich seine Preisvorstellung. Wird diese nicht erfüllt, liefert er nicht mehr.

In der nachfolgenden Übersicht werden die vom Statistischen Bundesamt 2017[99] erfassten Importe nach Warengruppen aufgeführt. Nur die, die vermutlich ausschließlich rein private inländische Kunden haben, werden als relevant angesehen. Nicht angekreuzt sind Erdöl und Erdgas. PKW-Kraftstoff wurde bereits oben berücksichtigt, Erdgas und Heizöl wäre sicherlich noch zu berücksichtigen. Es geht hier aber generell nur um Näherungswerte.

---

[99] Statisches Bundesamt: Statistisches Jahrbuch 2018, S. 431

Andererseits beinhalten die Importe für private Verwendung auch solche aus Österreich und den Niederlanden und somit aus Ländern, bei denen kein „Nachlass" zu erwarten ist.

Importe 2017

	Mio.Euro	privat
Erzeugnisse der Landwirtschaft und Jagd	30.867	x
Forstwirtschaftliche Erzeugnisse	746	x
Fische und Fischereierzeugnisse	758	x
Kohle	5.115	
Erdöl und Erdgas	56.107	
Erze	6.963	
Steine und Erden, sonstige Bergbauerz.	1.461	
Nahrungsmittel und Futtermittel	46.078	x
Getränke	5.812	x
Tabakerzeugnisse	1.191	x
Textilien	10.894	x
Bekleidung	32.582	x
Leder und Lederwaren	14.149	x
Holz- und Kork...	6.370	x
Papier, Pappe	14.950	x
Kokereierzeugnisse	20.242	
Chemische Erzeugnisse	78.697	
Pharmazeutische Erzeugnisse	53.669	x
Gummi- und Kunststoffwaren	30.420	
Glas- und waren, Keramik, Steine und Erden	10.943	
Metall	58.588	
Metallerzeugnisse	29.051	
Datenverarbeitungsg., elektr. U. opt. Erz.	112.655	
Elektrische Ausrüstungen	60.012	
Maschinen	80.532	
Kraftwagen und Kraftwagenanteile	114.620	
Sonstige Fahrzeuge	32.587	
Möbel	12.270	x
Energieversorgung	1.031	
Sonstige Waren	104.963	x
Σ	**1.034.323**	**335.299**
davon 20% „Wechselkursaufschlag"		67.060
in Euro je Einwohner		**808**

Abb. 26 Importstatistik 2017 mit Kostenbeteiligung des Normalbür-
gers

Die Kosten je Person von 808 € erhöhen sich mit der entsprechenden Haushaltsgröße, so dass sich für eine vierköpfige Familie an die 3.000 Euro ergeben. Die (Einfuhr-) Umsatzsteuer ist noch gar nicht berücksichtigt und schlägt mit Ausnahme von Lebensmitteln (7%) mit 19% zu Buche. Die Kosten, die hier nicht umgelegt werden, betreffen zu einem beachtlichen Teil ebenfalls die Bürger. Denn Computer & Co. gibt es auch in Privathaushalten.

Finanzvermögen

Dieses Kapitel knüpft ein wenig an den Slogan der Occupy Wall Street-Bewegung an: „We are the 99 percent".

„Die Befürworter dieser Bewegung sehen das reichste 1 Prozent als Gewinner und die übrigen 99 Prozent als Verlierer der ultra-expansiven geldpolitischen Maßnahmen der großen Zentralbanken an."[100]

Durch die seit Jahren anhaltende Niedrig bzw. Null-Zinspolitik der Europäischen Zentralbank (EZB) werden Guthaben wesentlich niedriger bzw. schon negativ verzinst. Im Gegenzug werden Schuldner quasi subventioniert. Die EZB will so den Ländern mit hoher Verschuldung und deren Unternehmen helfen. Laut DZ-Bank entgingen den deutschen Privathaushalten so von 2010 bis 2016 Zinseinnahmen in Höhe von 344 Milliarden Euro. Für 2017 erwartet sie Mindereinnahmen in Höhe von 92 Milliarden Euro[101]. Die Bundesbank errechnete wiederum für den Zeitraum 2008 bis 2018 eine Zinsersparnis der öffentlichen Haushalte von fast 370 Milliarden Euro[102]. Diese hohen Zahlen sind eigentlich nicht verwunderlich, besitzen die Deutschen doch allein 2,5 Billionen Euro an Sparguthaben und Bargeld[103] - und dazu weitere verzinsliche Anlagearten wie Anleihen, Fonds. Die Welt ermittelte für das 1. Halbjahr 2018 Zinsverluste je deutschen Sparer in Höhe von 205 €[104]. Nachfolgend wird somit von einem Jahresverlust in Höhe von 410 € ausgegangen.

Die Tabelle stellt den jeweiligen Zinssätzen die Zinsausgaben des Bundes. (Da der Staat sich auch längerfristig verschuldet, entfachte

---

[100] Institut der Deutschen Wirtschaft: Die Auswirkungen von Niedrigzinsen und unkonventionellen geldpolitischen Maßnahmen auf die Vermögensverteilung, Köln 2015, S. 4

[101] http://www.spiegel.de/wirtschaft/soziales/niedrigzinsen-deutschen-buergern-entgingen-344-milliarden-euro-a-1148761.html

[102] https://www.faz.net/aktuell/finanzen/deutscher-staat-spart-milliarden-durch-niedrigzinsen-15978641.html

[103] https://www.welt.de/finanzen/article186446060/Geldvermoegen-Deutsche-besitzen-6-2-Billionen-Euro.html

[104] https://www.welt.de/finanzen/geldanlage/article179500332/Zinsverluste-deutscher-Sparer-erreichen-neuen-Rekord.html

die Zinssenkung 2009 erst im Laufe der Zeit ihre Wirkung – nämlich dann als auslaufende Anleihen durch neue zu den aktuellen Konditionen ersetzt wurden.) Konträr zum Zinsaufwand entwickeln sich die Immobilienpreise.

	2008	2010	2012	2014	2015	2016
EZB-Zins (Jahresende)[105]	2,5%	1,0%	0,75%	0,05%	0,05%	0,00%
Zinsausgaben Bund[106] Mrd.€	40,2	33,1	30,5	25,9	23,2	23,8
Immobilienpreis-Index[107]	82,3	83,9	89,8	95,5	100,0	106

Abb. 27 EZB-Zins, Zinsausgaben des Bundes, Immobilienpreis-Entwicklung 2008-16

(Laut anderer Quelle[108] stiegen die Preise für Wohnimmobilien allein zwischen Q 2 2012 und Q 2 2017 um 31,1%. Eine Analyse der Deutschen Bank nennt gar einem Anstieg der Preise für Eigentumswohnungen im Zeitraum 2009 bis 2017 in den Metropolen von 80%[109].)

Von den gestiegenen Immobilienpreisen profitiert übrigens einmal mehr der Staat bzw. hier die Bundesländer, deren Einnahmen aus der Grunderwerbssteuer sich binnen weniger Jahren fast verdreifacht haben[110]:

---

[105] https://www.ecb.europa.eu/stats/policy_and_exchange_rates/key_ecb_interest_rates/html/index.en.html
[106] Bundesregierung: Finanzplan 2016, S. 43
[107] https://de.statista.com/statistik/daten/studie/70265/umfrage/haeuserpreisindex-in-deutschland-seit-2000/
[108] http://www.institutional-money.com/news/uebersicht/headline/die-deutschen-hauspreise-steigen-aber-niemand-spricht-von-einer-blase-136379/
[109] Vgl. Streit, M.: Traum vom Eigenheim rückt oft in weite Ferne, in Handelsblatt, 16.01.1018, S. 35
[110] https://www.bundesbaublatt.de/news/einnahmen-durch-grunderwerbsteuer-knacken-rekordmarke-bfw-steuer-wettlauf-muss-ein-ende-haben_3309857.html

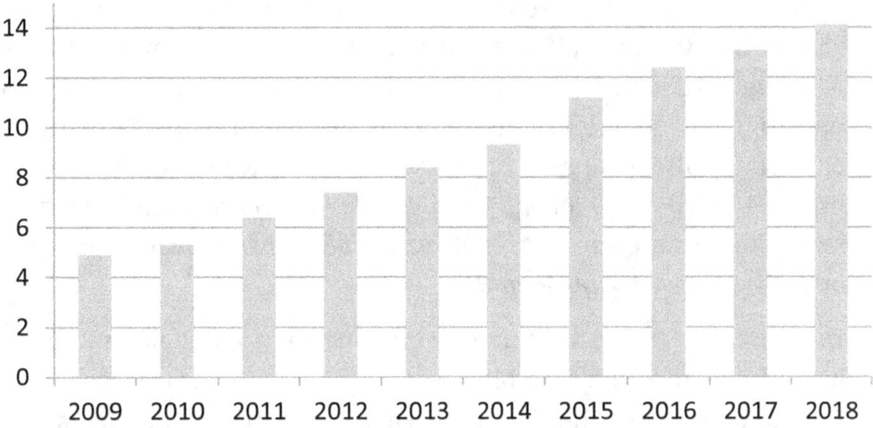

Abb. 28 Entwicklung der Grunderwerbssteuer 2009-18

(Ebenso wie die Grunderwerbssteuer sind übrigens die Notariatsgebühren für die Beurkundung der Immobilienkäufe gestiegen. Ein Notar, der vor 2009 bereits ein sehr gutes Einkommen hatte, hat nun ein extrem gutes Einkommen. Warum bislang noch kein – namhafter – Politiker eine Reform der Notariatsvergütungen angeregt hat, ist nicht nachvollziehbar.)

Die Kommunen profitieren wiederum von den sukzessiv mit jeder Transaktion ansteigenden Einheitswerten, die als Bemessungsgrundlage für die von ihnen erhobene Grundsteuer dient. Diese Steuerart ist seit 2009 von 10,6 Mrd. Euro[111] bis 2017 auf 14,0 Mrd. Euro[112] um über 30% gestiegen. Zu diesem Anstieg können Erhöhungen der Hebesätze beigetragen haben – der Grund ist egal, der Anstieg war deutlich höher als die Inflationsrate.

---

[111] https://www.welt.de/finanzen/immobilien/article183944392/Neue-Grundsteuer-Sie-wird-ungerecht-oder-teuer-Oder-beides.html#cs-lazy-picture-placeholder-01c4eedaca.png
[112] http://www.bundesfinanzministerium.de/Content/DE/Standardartikel/Themen/Steuern/Steuerschaetzungen_und_Steuereinnahmen/2017-05-05-steuereinnahmen-nach-steuerarten-2010-2016.pdf?__blob=publicationFile&v=5

Bei derartigen Rahmenbedingungen (niedrigere Zinsausgaben sowie höhere Steuereinnahmen auf Grund der durch die niedrigen Zinsen gestützten höheren Immobilienpreise) stellt ein ausgeglichener Bundeshaushalt keine besondere Leistung mehr dar. Diese Aussage wird letztlich im Monatsbericht Juli 2017 der Bundesbank bestätigt. Für 2016 errechnet sie eine Zinsersparnis der öffentlichen Haushalte gemessen am Vorkrisen-Zinsniveau von 2007 von hohen 47 Mrd. Euro *„oder 1½% des BIP. Kumuliert erreichen die Zinsentlastungen ab dem Jahr 2008 eine Größenordnung von 240 Mrd € oder 7½% des letztjährigen BIP."*[113]

Deutschland (Bund, Länder, Kommunen) hatte 2018 einen Haushaltsüberschuss von 58,0 Mrd. Euro[114] (2016 lag der Überschuss nur auf dem Niveau der Zinsersparnis!). Wie stünde Deutschland dar und wie wäre die Reputation der (letzten) Bundesregierung ohne diese Zinsersparnis und die erwähnten höheren Steuereinnahmen? Wir hätten wie zuvor einen negativen Haushaltssaldo – und dies in Zeiten der Vollbeschäftigung und viel zu niedriger Infrastruktur- oder auch Verteidigungsausgaben. Der Druck, notwendige Reformen anzugehen (Beamtenpensionen), wäre vorhanden. Der Staat incl. der Regierung profitieren aber vom vielleicht größten „Windfall-Profit" („Zufallsgewinn"[115]) der Geschichte. Da es sich um ein Null-Summen-Spiel handelt (wer bezahlt den Gewinn?), stellt es sich die Frage nach dem Zahler bzw. dem Verlierer.

Letztlich handelt es sich um eine Umverteilung vom Bürger an den Staat. Dadurch, dass die Inflationsrate nicht ausgeglichen werden konnte, verloren die deutschen Sparer 2017 etwa 38 Mrd. Euro[116] – vom eigentlich fehlenden und angestrebten Vermögenszuwachs ganz zu schweigen. Auf Seiten der Bürger sind die unteren 20% der Vermögenspyramide in Deutschland nicht betroffen. Sie verfügen schlichtweg über keine oder zu geringe Spareinlagen um Nachteile

---

[113] Deutsche Bundesbank, Monatsbericht Juli 2017, S. 40

[114] https://de.statista.com/statistik/daten/studie/250355/umfrage/haushaltssaldo-der-eu-laender/

[115] http://wirtschaftslexikon.gabler.de/Definition/windfall-profit.html

[116] http://www.handelsblatt.com/finanzen/anlagestrategie/trends/geldvermoegen-deutsche-sparweltmeister/20805386.html

zu erfahren[117]. Reiche wählen bzw. haben hierzu die Möglichkeit andere Anlageklassen zu präferieren, die von der Niedrigzinspolitik nicht benachteiligt, sondern sogar unterstützt werden (Immobilien, Aktien). Dem kleinen Sparer droht hingegen Gefahr durch die Abschaffung der Abgeltungssteuer, wie sie im Rahmen der Sondierungsgespräche im Januar 2018 fixiert wurde.

Die Benachteiligung und Umverteilung geht somit zu Lasten der Mittelschicht. Michael Heise, der Chefvolkswirt der Allianz, bezifferte die Einkommenseinbußen der durchschnittliche Mittelschichtler bereits 2015 auf 0,9% ihrer jährlichen Einkommen[118]. Zur Erinnerung: Wenn die Vorstellungen bei Tarifverhandlungen zwischen Gewerkschaften und Arbeitgeber um 1% auseinanderliegen, kann das ein Streikgrund sein. Der „Zinsklau" wird hingegen wortlos akzeptiert. Bei der Betrachtung „des Mittelschichtler" ist die Altersstruktur von großer Bedeutung: Jüngere Erwachsene haben häufiger Darlehen aufgenommen, beispielsweise um Immobilien zu kaufen. Nominal profitieren sie von den niedrigen Zinsen für die aufgenommenen Darlehen. Die Zinsersparnis bei Krediten aller Art der deutschen Privathaushalte beziffert die DZ Bank für den Zeitraum 2010 bis 2016 auf 145 Milliarden Euro[119]. Faktisch werden die Immobiliendarlehen höher als früher sein, da es im Zuge der niedrigen Zinsen häufig zu einem starken Anstieg der Immobilienpreise kam. D.h. ihre Zinsleistung ist niedriger, ihre Tilgungslast höher als zuvor. Aus diesem Grund muss – trotz unterstelltem Rückgang bei Gartengröße und Wohnfläche – heute ein größerer Teil des Haushalteinkommens für die Bedienung der Kredite abgeführt werden als vor einigen Jahren. Der durchschnittliche Hamburger Immobilienbesitzer muss heute 36% seines Einkommens für die Annuitäten (= Zins und Tilgung) verwenden[120]:

---

[117] http://www.faz.net/aktuell/finanzen/anleihen-zinsen/folgen-des-niedrig-zinses-die-grosse-umverteilung-13697623.html
[118] http://www.faz.net/aktuell/finanzen/anleihen-zinsen/folgen-des-niedrig-zinses-die-grosse-umverteilung-13697623-p2.html
[119] https://www.dzbank.de/content/dam/dzbank_de/de/library/presselibrary/pdf_dokumente/Konjunktur_Niedrigzins2017.pdf
[120] Handelsblatt, 30.06.17, S. 40

	Anteil von Krediten am Haushaltsnettoeinkommen	
	2007	**2016**
Hamburg	25%	36%
Bremen	13%	17%
Hannover (Region)	13%	19%
Osnabrück	14%	18%
Münster	20%	26%
Düsseldorf	21%	26%
Köln	23%	28%
Berlin	23%	39%
Dresden	23%	25%
Leipzig	23%	25%
Frankfurt/ M.	30%	39%
Stuttgart	22%	33%
Freiburg	33%	44%
München	31%	53%
Regensburg	31%	39%

Abb. 29 Anteil Kredite an Haushaltsnettoeinkommen nach Städten 2007/ 2016

Fatal für die jungen Immobilieneigentümer kann ein Anstieg der Zinsen sein. Wer heute bereits 40% seines Haushaltsnettoeinkommen für die Bedienung seines Darlehens ausgibt, hat einfach wenig Puffer, wenn dieser Wert steigt und er eine Anschlussfinanzierung benötigt. Und genau dies droht bei einem Zinsanstieg. Laut Handelsblatt steigt die Belastung für eine 80 qm große Eigentumswohnung, die 2017 gekauft wurde beachtlich, wenn der Zins um nur 0,5%-Punkte steigt, wie die unter „Anstieg" simulierten Werte zeigen[121]:

---

[121] Handelsblatt, 06.03.18, S. 34

	2017	Anstieg
Hamburg	33%	37%
Düsseldorf	24%	27%
Köln	25%	29%
Berlin	37%	44%
Frankfurt/ M.	39%	47%
Stuttgart	30%	34%
München	50%	57%
⍰	**34%**	**39%**

Abb. 30 Szenario Auswirkung einer Zinserhöhung auf die Verschuldung nach Städten

Natürlich kann man nun argumentieren, dass sich die Immobilienpreise in Städten wie München seit Jahrzehnten nur positiv entwickelt. Ein Häuslebauer könnte dann bei Überforderung verkaufen und stünde noch immer besser da als zuvor. Stimmt, aber die Vergangenheit in die Zukunft fortzuschreiben kann zwar naheliegend sein, ist aber auf jeden Fall auch spekulativ.

Ältere Mittelschichtler ohne Schulden aber mit größeren Guthaben zählen hingegen unstreitbar zu den Verlierern der Entwicklung. Vor diesem Hintergrund ist die Nennung von Durchschnittswerten problematisch. Hilfreicher erscheint ein Blick auf die eigenen Guthaben und deren Multiplikation mit 0,5% bis 1% - früher gab es zwar mehr Zinsen, aber auch eine höhere Inflation. Andererseits werden heute teilweise Strafzinsen erhoben. Bei aktuell 0,4% Strafzins werden die deutschen Guthaben bei der EZB im Jahr mit etwa 1,9 Mrd. Euro belastet[122].

Zur Thematik „Benachteiligung der älteren Mittelschichtler“ gibt es ein interessantes Gegenargument durch den EZB-Präsidenten Mario Draghi. Er meint, die niedrigen Zinsen wurden beschlossen um eine Deflation zu verhindern. Hätte die EZB also nichts gemacht, wäre es zu permanenten Preisrückgängen gekommen, von denen

[122] C. Schütte: ... Negativzinses, in Manager Magazin 06/2017, S 27

wiederum die Älteren profitiert hätten – die Kaufkraft ihrer Guthaben wäre gestiegen – während die jüngeren Schuldner benachteiligt worden wären. [123] Einer musste somit verlieren.

Für Deutschland ist die Null-Zinspolitik sicherlich kontraproduktiv. Ein Land, das wächst, benötigt einen gewissen Zinssatz um eine Inflation zu verhindern. Eine Inflation gibt es in Deutschland durchaus - beispielsweise bei Immobilien (vgl. den Vermögenspreisindex). Deutschland muss als Mitglied der Währungszone die Zinspolitik aber akzeptieren, die den Südländern helfen soll. Im gewissen Sinne ist dies nicht nur solidarisch, sondern sogar fair: Vor dem Greifen der Hartz-IV-Reformen und dem China-Boom, der Deutschland massiv zu Gute kam, gab es in Deutschland Jahre mit geringem Wachstum und hoher Arbeitslosigkeit. Nach der Jahrtausendwende wurde der Leitzins der EZB sukzessive von 4,5% auf 2,0% gesenkt um Deutschland zu unterstützen. Deutschland hatte damals (2005) eine auf Jahressicht durchschnittliche Arbeitslosenquote von hohen 11,7%[124] (2016: 6,1%). Die spanische Arbeitslosenquote war hingegen regelmäßig um 2 Prozentpunkte niedriger – dort wurde auf Grund der niedrigen Zinsen „auf Teufel kommt raus" gebaut. Der damals niedrige Zins zur Unterstützung Deutschlands gilt als eine der Ursachen für die spanische Immobilienblase, die im Zuge der Finanzkrise geplatzt ist und dort zur Massenarbeitslosigkeit geführt hat. In der Spitze betrug die Arbeitslosenquote in Spanien auf Jahressicht unglaubliche 26,1% (2013)[125]. (Ein weiterer wichtiger Grund für die Krise in Spanien war die Reduktion der EU-Gelder aus dem EU-Strukturfonds, die im Zuge der Osterweiterung sukzessive komplett nach Osteuropa umgeleitet wurden. Ab Ende der 80er Jahre bis 2005 erhielt Spanien kumuliert 150 Mrd. Euro, was im

---

[123] Institut der Deutschen Wirtschaft: Die Auswirkungen von Niedrigzinsen und unkonventionellen geldpolitischen Maßnahmen auf die Vermögensverteilung, Köln 2015, S. 11
[124] https://de.statista.com/statistik/daten/studie/1224/umfrage/arbeitslosenquote-in-deutschland-seit-1995/
[125] https://de.statista.com/statistik/daten/studie/17327/umfrage/arbeitslosenquote-in-spanien/

Zeitraum 1995 bis 2005 über einem Prozent seines Bruttosozialproduktes entsprach.[126])

Zurück zur Niedrigzins-Politik: Eine andere Frage ist natürlich, ob
Deutschland bewusst und sehenden Auges eine eigene Immobilienblase forcieren will.

Durch die Null-Zinspolitik sparen die Staaten Zinsen. Die Unterneh-
mensberatung McKinsey kam bereits 2013 auf einen Betrag in
Höhe von 630 Mrd. Dollar, den die Regierungen in den USA, UK und
der Euro-Zone durch die lockere Geldpolitik sparen würden. Dieser
Betrag entgeht den Anlegern und schmälert somit deren Finanzvermögen bzw. deren Alterssicherung.

Zusätzlich den Kosten, die der Bürger direkt zu tragen hat, kommen
die indirekten, zu denen auch die langfristigen Nachteile gehören.

---

[126] http://www.bpb.de/apuz/32536/spanien-in-zeiten-der-globalen-wirt-
schaftskrise?p=all

Alterssicherung

In Deutschland gibt es grob drei Säulen der Alterssicherung:

1. Staatliche Rente
2. Betriebliche Rente
3. Lebensversicherungen

Staatliche Rente

Für die Zukunft der Rentenversicherung werden in der Öffentlichkeit diverse Probleme gesehen, die Niedrig-Zinspolitik gehört eher nicht dazu. Hier gilt wieder das Gleiche wie für Sozialschwache: Wer kaum Geld angespart hat, erleidet durch niedrige Zinsen auch keine Nachteile. Da die Rente im Umlageverfahren finanziert wird, wirkt die Zinshöhe nicht unmittelbar auf sie. Traditionell wird die Tragfähigkeit der Rentenversicherung als nicht optimal angesehen. Als Gründe sind zu nennen die langfristig zu geringe Reallohnerhöhungen und vor allem die ungünstige Demographie in Deutschland: Die Baby-Boomer gehen nach und nach in Rente, so dass die Rentenlast deutlich steigt, während zu wenig Jüngere anfangen zu arbeiten und in die Rentenversicherung einzahlen. Im Jahr 2015 kamen auf einen Rentenempfänger nur noch 2,1 Beitragszahler[127]. Die anstehen Automatisierung mittels Künstlicher Intelligenz, Robotik und 3D-Druck kann ein weiterer Negativ-Effekt sein. Maßnahmen wie die Verlängerung der Lebensarbeitszeit verpuffen, da die Lebenserwartung stetig steigt. Aus diesem Grund waren die Rentenprognosen bereits vor der verstärkten Zuwanderung negativ. Die Zuwanderung an sich ist schädlich für das Rentenniveau, wie gleich erläutert wird.

Das „Rentenniveau" bezeichnet die Relation zwischen der Höhe der Standardrente (45 Jahre Beitragszahlung auf Basis eines Durch-

---

[127] https://www.demografie-portal.de/SharedDocs/Informieren/DE/Zahlen-Fakten/Beitragszahler_Altersrentner.html

schnittsverdientes) und dem Entgelt eines Durchschnittsverdieners. Betrug das Niveau 2000 noch 52,9% (d.h. der Rentner erhielt mehr als 50% seines vorherigen Einkommens), sank es bis 2016 auf etwa 47,9%[128]. Bis 2040 wird ein weiteres Absinken auf rund 39% erwartet[129]. Die Rentner werden bei gleichzeitig steigenden Mieten und wohl auch Kosten der medizinischen Versorgung mit einer deutlich geringeren Rente als bislang auskommen müssen. Effekte der Zuwanderung sind, wie erwähnt, noch nicht enthalten. Denn zusätzlich zu den beiden Schwachstellen Reallohn und Demographie wird die staatliche Rentenversicherung bzw. der Staat mit einem gravierenden Problem konfrontiert, das für viele widersprüchlich anmuten mag: Dem Zuzug von Arbeitssuchenden. Im Normal- bzw. Idealfall finden die Zugezogenen einen Arbeitsplatz und zahlen in der Folge in die Rentenversicherung. Insofern sichern sie zunächst die Renten der gegenwärtigen Rentner. Allerdings ist leicht absehbar, dass jemand, der – wenn überhaupt - mit 30 oder 35 Jahren erstmals in die Rentenversicherung einzahlt, dann nach 30 Jahren in Rente geht und weitere 30 Jahre bezieht, netto keine Entlastung sein kann. Dies gilt umso mehr, wie viele der neuen Beitragszahler als Folge ihrer geringeren Qualifikation nur unterdurchschnittliche Einkommen erzielen und entsprechend wenig einzahlen. Später, während der Rentenphase, werden sie nur geringe Renten erhalten und müssen dann zusätzlich über die Grundsicherung unterstützt werden. Die Mittel der Grundsicherung können wiederum nicht zur Aufstockung der Rente der übrigen Rentner verwandt werden. D.h. gering Qualifizierte und nicht mehr ganz junge Zuwanderer mögen zunächst zwar eine Entlastung bringen, langfristig aber belasten sie das System erheblich. Auf jeden Fall müssen sie dann unterstützt werden, wenn es immer weniger Beitragszahler gibt. Diese haben somit mehr Rentner zu alimentieren, die ihrerseits als Folge des steigenden Divisors weniger erhalten werden. Das 2015 vielfach genannte Argument, die Zuwanderer wären gut

---

[128] http://www.deutsche-rentenversicherung.de/Allgemein/de/Inhalt/Allgemeines/FAQ/Rente/_%20rentenniveau/rentenniveau.html
[129] http://www.wiwo.de/finanzen/vorsorge/rentenprognose-fuer-2040-mehr-private-vorsorge-in-westdeutschland/12577922-2.html

für das Rentensystem, basierte auf der Akzeptanz eines Schneeballsystems. Kurzfristig mögen sie, so sie denn zeitnah in den Arbeitsmarkt hätten integriert werden können, das Rentensystem stabilisiert, langfristig aber destabilisiert, außer man würde dann ein Vielfaches an Zuwanderern holen. Denn die Rente eines Pensionärs muss stets von mehreren Beitragszahlern erwirtschaftet werden.

Die Stiftung soziale Marktwirtschaft geht in ihrem Basisszenario von dauerhaften jährlichen Zusatzkosten als Folge der erwarteten Zuwanderungen (bereits erfolgt + Zeitraum bis 2020) von jährlich 15 Mrd. Euro aus. Ein Teil dieser Ausgaben wird vermutlich über Steuern gedeckt werden, die den Bürger nicht direkt betreffen bzw. über Einsparungen gegenfinanziert werden. Per Saldo dürfte für den Bürger eine jährliche Last von anfänglich etwa 100 Euro verbleiben, die im Laufe der Zeit mit der sinkenden Bevölkerungszahl zunehmen dürfte. Diese 100 Euro erhöhen den bekannten Rentenrückgang, der weitgehend unabhängig von der Mitgliedschaft in der EU oder der Euro-Zone zu erwarten ist.

Neben der genannten Zuwanderung aus Nicht-EU-Ländern wird auf uns das Problem der Altersversorgung der EU-Armutsflüchtlinge zukommen. Im Februar 2019 bezogen allein 157.000 Bulgaren und Rumänen[130] Leistungen aus SGB-2. Wovon sollen sie im Alter leben?

Betriebliche Rente

Bei der betrieblichen Rente stellt sich die Situation für den Arbeitnehmer grundsätzlich besser dar. Die niedrigen Zinsen sind zuerst nicht ihr Problem, sondern dass ihres Arbeitgebers bzw. der Pensionskassen wenn der Arbeitgeber in diese einzahlt. Insolvenzen von Pensionskassen oder Unternehmen sind grundsätzlich nicht auszuschließen, doch greift dann die Solidargemeinschaft (Pensionssicherungsverein).

Allerdings können die Pensionskassen den Garantiezins senken. Dies geschah im Mai 2016 erstmals als die Neue Leben Pensionskasse den Garantiezins für alle Beiträge, die von Januar 2017 ab

---

[130] IAB: Zuwanderungsmonitor Mai 2019, S. 3

eingezahlt werden, von 3,25% auf 1,25% senkte[131]. Aus heutiger Sicht waren die 3,25% sicherlich zu hoch, die 1,25% - vor Kosten - liegen allerdings unterhalb der relevanten Inflationsrate. D.h. der Arbeitnehmer verliert und dies in einem breiten Umfeld. Zwischenzeitlich haben zahlreiche Pensionskassen ihren Zins senken müssen, einige sind in Schieflage geraten. Die Wirtschaftswoche urteilt[132]:

„Lebensversicherungen sind keine solide Anlage mehr."

Diese Aussage gilt auch für Pensionskassen, zumindest gibt es keine Planungssicherheit mehr außer der, dass später weniger herauskommt als zuvor erwartet wurde.

Wie problematisch der Gesetzgeber die Situation bei der betrieblichen Altersvorsorge wertet, zeigt eine Änderung im Rahmen des BilRUG[133]. Da die Unternehmen etwaige Pensionsrückstellung neu und damit höher bewerten müssen, dieser höherer Ansatz aber auf mehrere Jahre verteilt werden darf um o eine „Sprengung der Bilanz" zu verhindern, wurde für den Unterschiedsbetrag eine Ausschüttungssperre erlassen. D.h. Unternehmen dürfen Gewinne nur ausschütten, wenn diese höher als die Differenz zwischen aktuell bilanzierter und tatsächlich zu bilanzierender Pensionsrückstellung ist[134]. Derartige Sperren werden nur selten erlassen.

In Deutschland erhielten 2015 Männer im Durchschnitt 592 € und Frauen 245 € Betriebsrente[135]. Hierbei ist zu berücksichtigen, dass manche gar keine Betriebsrente erhalten, andere wiederum sechs- bis siebenstellige Beträge (vormalige DAX-Vorstände oder Sparkas-

---

[131] http://www.sueddeutsche.de/wirtschaft/niedrigzins-erste-pensionskasse-senkt-betriebsrenten-1.3013717

[132] Hoyer, N.: Diese Rente ist ganz und gar nicht sicher, in Wirtschaftswoche 07.07.2017, S. 8

[133] https://de.wikipedia.org/wiki/Bilanzrichtlinie-Umsetzungsgesetz

[134] https://www.haufe.de/steuern/gesetzgebung-politik/pensionsrueckstellungen-neue-abzinsungsregelungen_168_340688.html

[135] http://www.sozialpolitik-aktuell.de/tl_files/sozialpolitik-aktuell/_Politikfelder/Alter-Rente/Datensammlung/PDF-Dateien/abbVIII81_Grafik_Monat_02_2017.pdf , S. 2

sen-Vorstände). Vom vormaligen Daimler-Chef Zetschke ist bekannt[136], dass er pro Tag (!) 4.250 € Betriebsrente erhält (Stichwort Umverteilung). Es werden pauschal Mindereinnahmen von durchschnittlich 50 €/ Monat unterstellt.

Lebensversicherungen

Für Lebensversicherungen gilt ähnliches wie für die betriebliche Altersversorgung, wobei der Sicherheitspuffer (vormaliger) Arbeitgeber nicht besteht.

Neukunden können ab 2018 nur noch einen Garantiezins in Höhe von 0,9% erwarten und somit deutlich weniger als zu den Höchstzeiten (4%)[137]. Nach Abzug der Kosten verbleiben im Schnitt nur noch lächerliche 0,14%[138]. Der Garantiezins sinkt somit signifikant unter die Inflationsrate. Um ihren heutigen, noch höheren Verpflichtungen gerecht werden zu können, müssen die Versicherer höher verzinste Anlagen verkaufen, wodurch die höheren Zinseinnahmen in der Zukunft entfallen. D.h. heutige Begünstigte haben ein geringeres Problem als die künftigen Anspruchsberechtigten. Die Annäherung von Gewinnbeteiligung und Inflationsrate wird nachfolgend darstellt – die Gewinnbeteiligung reduziert sich stetig. In den nächsten Jahren dürfte die Höhe der Inflation die Höhe der Gewinnbeteiligung übersteigen:

---

[136] https://www.spiegel.de/wirtschaft/unternehmen/daimler-chef-dieter-zetsche-kassiert-offenbar-4250-euro-rente-pro-tag-a-1250194.html
[137] http://www.focus.de/finanzen/recht/verbraucher-garantiezins-fuer-lebensversicherung-soll-stabil-bleiben_id_7071756.html
[138] https://www.finanztip.de/lebensversicherung/kapitallebensversicherung/

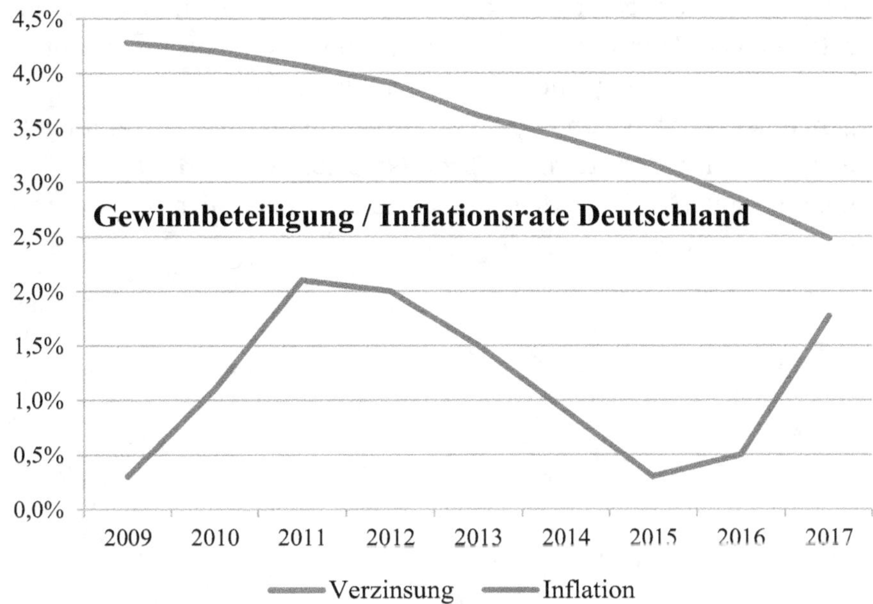

Abb. 31 Gewinnbeteiligung der Lebensversicherungen/ Inflationsrate 2009-17

Die Finanzaufsicht Bafin fordert von der Bundesregierung eine Entlastung der Versicherer, da diese ansonsten in ernste Probleme als Folge der Niedrigzinsen kommen werden[139]. Die Bank für Internationalen Zahlungsausgleich schrieb in ihrem Jahresbericht 2017[140]:

„Bei niedrigen Anlagerenditen können hieraus erhebliche Belastungen entstehen, was insbesondere für Lebensversicherer gilt, die über Altbestände mit hohen Garantiezinsen verfügen, beispielsweise in Deutschland oder den Niederlanden."

Da die Lebensversicherungen ähnlich bedeutsam wie die betriebliche Rente sind, wird mit einem Verlust von 50 €/ Monat gerechnet.

Die Chancen auf eine Zinswende schätzt Bert Flossbach, Mitgründer des großen Vermögenverwalters Flossbach von Storch, als sehr

---

[139] http://www.sueddeutsche.de/wirtschaft/niedrigzinsen-aufsicht-will-hilfe-fuer-versicherer-1.3497988
[140] Bank für Internationalen Zahlungsausgleich: 87. Jahresbericht 1. April 2016 – 31. März 2017, S. 100

niedrig ein. Aus seiner Sicht bestehen zwingende Gründe den Zinssatz noch auf Jahrzehnte niedrig zu halten. Denn würden die Zinsen
um zwei bis drei Prozent auf das vormals normale Niveau ansteigen, müsste Italien rund 60 Mrd. Euro zusätzlich an Zinszahlungen
bzw. 2% seines Bruttoinlandsproduktes aufwenden. Dies wäre
nicht möglich, weshalb dieser „Todeszonen-Zins" nicht zu erwarten
ist[141].

---

[141] Flossbach, B.: Die Zinsen bleiben für immer extrem niedrig, in Handelsblatt
05.01.2018, S. 22

Dieses Kapitel gilt nicht für die Tätigkeiten von Akademikern, sondern eher für ungelernte bzw. Absolventen einer Haupt- oder Mittelschule mit anschließender Ausbildung ohne umfassendere Weiterbildung.

„Die politische Linke (…) hat wiederum aus den Wahlerfolgen der Populisten die fatale Schlussfolgerung gezogen, das Milieu der kleinen Leute zu verachten, das um Wohnraum, Transfergeld und Arbeitsplätze mit den Flüchtlingen konkurriert. So führt der Kampf der Kulturen zur Spaltung – auch innerhalb der westlichen Gesellschaften."

(Gabor Steingart)[142]

Insbesondere in den Frühjahren (teilweise natürlich auch noch heute) der Globalisierung beruhte der Wettbewerbsvorteil der fernen Länder nicht nur auf den niedrigeren Löhnen, sondern auf der Missachtung verschiedener Standards, wie sie in den westlichen, die Waren importierenden Ländern bereits üblich waren: Umweltstandards (Luftemissionen, Abfallentsorgung) oder auch jene des Jugendschutzes (Stichwort Kinderarbeit) oder der Arbeitssicherheit (einstürzende Textilfabriken, aber auch Arbeitszeiten). Sofern diese Standards (weitgehend) eingehalten werden und die Exporte nicht subventioniert werden, ist der Wettbewerbsvorteil nach Ansicht des Autors zu akzeptieren. Das Gleiche gilt, wenn beispielsweise Programmieraufträge nach Indien vergeben werden. *„Die Welt ist flach"* ist der Titel des Mitte der 2000er Jahre erschienen Buches von Thomas Friedmann, das die zunehmende Vernetzung der Welt beschrieb. So ist eben die Marktwirtschaft. Wenn ein ostdeutscher Bäcker auf Grund seiner niedrigeren Herstellkosten (niedrigere Miete, niedrigere Lohnkosten) den Münchner Markt mit günstigen Semmeln „flutet" ist dem auch nicht zu widersprechen – die negative Ökobilanz (Transport) kann natürlich kritisiert werden. Die grundsätzliche Kritik der „Rechtspopulisten" an der Globalisierung lehne ich daher ab. Ein anderer Teilbereich der Globalisierung ist

---

[142] Steingart, G.: Weltbeben, München 2016, 3. Auflage, S. 93

der „Export" von Arbeitskräften. Dieser geschieht i.d.R. nicht staatlich organisiert, so dass der Terminus „Export" nicht ganz zutrifft zumal es sich ja um Menschen und nicht um Gegenstände handelt. Dieser „Export" bzw. der Zuzug ist spätestens dann als problematisch anzusehen, wenn diese Arbeitskräfte niedrigere Preise akzeptieren weil sie die Spielregeln der heimischen Arbeitnehmer umgehen. Hier sind vielfältige Formen der Umgehung denkbar: Schwarzarbeit (Arbeiterstrich) und Scheinbeschäftigungen (verbreitet am Bau/ Fleischwarenindustrie) oder aber auch das Akzeptieren von Lebensverhältnissen, die nicht ansatzweise als Standard gelten können. Bei Billigarbeitsplätzen gilt dies beispielsweise für die Wohnung: Während heimische Arbeitnehmer eine Wohnung für sich und ihre Familie bezahlen müssen, akzeptieren ausländische Arbeitnehmer des Niedriglohnsektors Massenunterkünfte[143] oder gar die Obdachlosigkeit. Wer nach „Arbeiterwohnheim" googelt, erhält für die jeweiligen Metropolen diverse Angebote „ab 8 Euro bei monatsweiser Nutzung im Mehrbettzimmer". Um zu verdeutlichen, um welche Dimensionen es sich hierbei handelt, sei auf nur zwei neue Boardinghäuser verwiesen, die im Osten Münchens mit zusammen 1.900 Betten projektiert wurden[144].

Die Wanderarbeiter verschaffen sich somit einen „Produktionskostenvorteil", der ähnlich wie die Verletzung von Umweltstandards nicht als fair angesehen werden kann. Daher wäre es eigentlich Aufgabe des Staates hiergegen vorzugehen. Dies tut er aber nicht in der notwendigen Konsequenz mit Verweis auf übergeordnete Ziele („Europa") bzw. kann es einfach nicht. Wie jemand wohnen möchte, ist ihm selber überlassen, so er andere nicht belästigt etc.. Selbstverständlich kann man die Zustände akzeptieren und Christoph Schlingensief sarkastisches *So ist das eben in der Marktwirtschaft*

---

[143] Massenunterkünfte stellen zwar oft Wucher dar: Wenn 10 Personen jeweils 300 Euro für die gemeinsame Nutzung einer 3-Zimmer-Wohnung zahlen, erhält der Vermieter 3.000 Euro. Doch liegen die Ausgaben des einzelnen für seinen Wohnraum um einige Hundert Euro der heimischen „Arbeitnehmerkonkurrenz".

[144] München-Perlach (1.100 Betten in nur 230 Räumen): http://www.wochen-anzeiger.de/article/198834.html ;

zitieren. Was in Deutschland kein öffentliches Thema ist – die Konkurrenz im Niedriglohnsektor – wurde von der britischen Premierministerin May in ihrem Wahlkampf 2017 mit Verweis auf Osteuropäer angesprochen:

„Es ist richtig, dass wir die Netto-Zuwanderung auf ein erträgliches Niveau zurückführen, also auf einige Zehntausend pro Jahr beschränken", so May. „Wegen des Drucks, den diese Zuwanderung besonders auf Geringverdiener ausübt. Eine starke Zuwanderung kann die Löhne drücken, kann andere Menschen aus ihren Jobs verdrängen und belastet außerdem den Sektor der staatlichen Dienstleistungen."[145]

Dieser Lohndruck kann erklären, warum in Deutschland trotz Vollbeschäftigung und Wachstum rund 60% der Gehaltsempfänger in den vergangenen Jahren keine steigenden Gehälter verzeichneten und 20% aller Arbeitnehmer weniger als 10 Euro/ Stunde verdient. Laut Statistischem Bundesamt entwickelten sich die Nominallöhne (also ohne Berücksichtigung der Inflation) je nach Qualifikation von 2007 bis 2016 sehr unterschiedlich[146]:

Arbeitnehmer in leitender Stellung	+ 29,2%
Herausgehobene Fachkräfte	+ 22,8%
Fachkräfte	+ 19,7%
Angelernte Arbeitnehmer	+ 18,9%

vermutlich wegen Einführung des Mindestlohnes:

Ungelernte Arbeitnehmer	+ 22,6%

Abb. 32 Gehaltsentwicklung nach Qualifikation 2007-16

Das unterschiedliche Einkommenswachstum von rund 10%-Punkten zwischen einem leitenden und einem angelernten Arbeitneh-

---

[145] https://www.tagesschau.de/ausland/grossbritannien-konservative-103.html
[146] https://www.destatis.de/DE/ZahlenFakten/GesamtwirtschaftUmwelt/VerdiensteArbeitskosten/RealloehneNettoverdienste/Tabellen/Nominallohn.html;jsessionid=688C55129E34DAAAB182B8589DB81FFD.cae4

mer binnen 10 Jahren ist umso bedeutsamer, wie der leitende Arbeiter bereits zuvor wesentlich mehr als sein Kollege verdient hat. Absolut betrachtet war sein Zuwachs daher noch stärker als es die Zahlen vermuten lassen, wie es die Beispielsrechnung zeigt:

	Monatseinkommen Arbeitnehmer		
	angelernt	leitend	+/-
2007	1.400	8.000	6.600
Anstieg	18,9%	29,2%	
2016	1.665	10.336	8.671

Abb. 33 Monatseinkommen Arbeitnehmer 2007 und 2016

Der Gehaltsanstieg des leitenden Arbeitnehmers lag somit über dem, was ein ungelernter heute verdient. Die Schere hat sich weiter geöffnet.

Der Autor begann die Konsequenzen der EU incl. Arbeitnehmerfreizügigkeit nach dem Besuch eines Vortrages von Prof. Dr. Hans-Werner Sinn kritisch zu hinterfragen. Der vormalige ifo-Chef sprach in München vor dem Handelsblatt Wirtschaftsclub über die Folgen und Kosten der Flüchtlingsbewegung. Sinns Schlussfolgerung, dass die Flüchtlingswelle zu einer Umverteilung zu Gunsten der Wohlhabenden und zu Lasten der Ärmeren führen würde, war einleuchtend: *„Wenn das Angebot an ausländischen Reinigungskräften steigt, kann der Rechtsanwalt die Vergütung der Putzkräfte drücken"*. Gleiches würde für andere einfache Tätigkeiten gelten, z.B. den Paketboten. Die Konsequenz: Die Armen bekommen weniger, die Reichen werden reicher. Der Autor übertrug diese Aussagen auf die nach München zugezogenen gering qualifizierten Osteuropäer. Die Lokalpresse berichte zu dieser Zeit häufiger über den „Arbeiterstrich" am Hauptbahnhof oder die Masseneinquartierung von Bulgaren/Rumänen in hierfür nicht vorgesehene Immobilien[147]. Optisch wa-

---

[147] Als ein Extrembeispiel kann die Vermietung eines vormaligen Zweifamilienhauses an 60-70 Personen für je 200 €/ Monat genannt werden: http://www.sueddeutsche.de/muenchen/mietwucher-in-muenchen-dieses-

ren ihm größere Gruppen von männlichen, nach harter Arbeit aussehenden Osteuropäern in der Münchner City in Parkanlagen- aufgefallen, die in diesen offenbar auch übernachteten[148]. Medienberichte zu Folge verdienen viele der Tagelöhner nur etwa 700 Euro im Monat. Dies ist bereits mehr als sie in ihrer Heimat verdienen.

Ein Großteil ihres Geldes überweisen die Tagelöhner in ihre Heimat, wo sie Frau und Kinder zurücklassen mussten. So hart deren Schicksal ist, dass an jenes der chinesischen Wanderarbeiter erinnert, so naheliegend ist auch, dass gering qualifizierte Deutsche mit Stundenlöhnen von 5 Euro nicht mithalten können. Zum Leben in den Ballungszentren wird – je nach Mietniveau – auch der Mindestlohn nicht ausreichen. Übrigens lag der Verdienst der sozialversicherungsbeschäftigten Niedrigverdiener bereits vor der Einführung des Mindestlohnes in Gegenden wie München bei über 9 Euro/ h. In Teilen Mecklenburg-Vorpommers dürfte hingegen Kellner oder Friseusen bereits für 6 Euro/ h tätig gewesen sein. Die Einführung des Mindestlohnes kann daher in diesen Gegenden die Existenz von Unternehmen bedroht haben, in Boom-Gegenden hingegen hat er kaum genutzt. Die Forderung von Hamburgs Bürgermeister Olaf Scholz nach einem Mindestlohn in Höhe von 12 Euro[149] dürfte für seine Stadt und München zugeschnitten sein.

Holen die i.d.R. nur schwach ausgebildeten und nicht deutschsprechenden Bulgaren und Rumänen ihre Familien nach, reicht das Geld erst recht nicht zum Leben. Mittels Hartz IV muss aufgestockt werden. Kindergeld wird auch für Kinder gezahlt, die unverändert in der Heimat wohnen. Eine Quersubventionierung des zu geringen Lohnes durch Kindergeld ist somit möglich.

---

haus-macht-krank-1.2192416 . Der Bayrische Rundfunk berichtete Mitte März 2017 über die Vermietung von Container-Schlafplätzen zu 350 €/ Monat an Osteuropäer.

[148] Ein Artikel über Tagelöhner in München und den 5.000 dortigen Obdachlosen ist abrufbar unter: http://www.deutschlandradiokultur.de/tageloehner-in-muenchen-trotz-einkommen-obdachlos.1001.de.html?dram:article_id=376188

[149] http://www.zeit.de/wirtschaft/2017-11/spd-olaf-scholz-mindestlohn-anheben

Vor dem EuGH-Urteil bezogen Anfang 2016 beispielsweise in der Stadt Offenbach 1.600 Rumänen und Bulgaren Sozialleistungen[150]. Vielen haben exakt 450 €/ Monat verdient – ab 450 € stockt der Stadt auf, da dann ein reguläres Arbeitsverhältnis und nicht mehr Sozialtourismus unterstellt wird[151]. (Die EU hatte dies vor Beginn der Freizügigkeit hervorgehoben: Ein Arbeitsverhältnis wäre eine Bremse für einen etwaigen Missbrauch[152]. Nun stellen gerade Schein-Arbeitsverhältnisse den Missbrauch dar.) Der EuGH entschied sodann, dass ein Anspruch auf Sozialleistungen erst nach drei Monaten Aufenthalt in Deutschland besteht[153]. Im Gegensatz zu Österreich konnte sich Deutschland in der Folge aber nicht dazu durchringen, das Kindergeld für die unverändert in ihrer Heimat lebenden Kinder auf das dortige Niveau zu reduzieren. D.h. der deutsche Staat zahlt Kindergeld in Höhe wie sie in Düsseldorf oder Hamburg lebende Kinder erhalten auch an Kinder in Transsilvanien, so ein Elternteil in Deutschland gemeldet ist[154]. Zuvor war eine Kopplung des Kindergeldes an die Lebenshaltungskosten des Heimatlandes diskutiert worden. 2018 wurde für 249.292 im EU-Ausland lebende Kinder gezahlt[155]. Sofern ihre Eltern adäquate Jobs in Deutschland haben, ist hiergegen nichts einzuwenden. Kritisch wird es, wenn dies nicht der Fall ist: Der osteuropäische Gastarbeiter kann leichter einen niedrigen Lohn akzeptieren, da er durch das beachtliche Kindergeld quersubventioniert wird.

Man mag, wie die Linken-Chefin Katja Kipping, die weltweite Solidarität mit den Schwachen propagieren, rational muss auf Basis der

---

[150] http://www.sueddeutsche.de/wirtschaft/besuch-im-jobcenter-am-ende-der-traeume-1.2878223
[151] Ebd.
[152] https://ec.europa.eu/germany/news/fragen-und-antworten-zur-arbeitnehmerfreiz%C3%BCgigkeit-ab-1-januar-2014_de
[153] http://www.sueddeutsche.de/wirtschaft/freizuegigkeit-eugh-urteil-deutschland-darf-eu-zuwanderern-sozialleistungen-verwehren-1.2879577
[154] http://www.faz.net/aktuell/wirtschaft/wirtschaftspolitik/gesetzentwurf-auf-eis-keine-kindergeld-kuerzung-fuer-eu-auslaender-14946400.html
[155] https://mediendienst-integration.de/artikel/kindergeld-fuer-eu-buerger-1.html

Faktenlage aber Sarah Wagenknecht zugestimmt werden[156]. „Die Linke" wird sich irgendwann entscheiden müssen, ob sie einen Verteilungskampf nur gegen Unternehmer oder auch gegen Völker führen will. Die Chancen für die Einführung eines bedingungslosen Grundkommens nehmen mit der Größe des Divisors ab. Wenn Deutschland – wie gehabt – jährlich etwa 200.000 Migranten oder mehr aufnimmt, die zu einem beachtlichen Teil von der Automatisierung betroffen sein werden (Hilfstätigkeiten entfallen), bewirkt ein hoher Divisor mit denen die Einnahmen beispielsweise aus einer Maschinensteuer geteilt werden, solch ein niedriges Niveau, dass kein adäquat zu verteilender Betrag überbleibt.

Wenn „Die Linke" einmal geschlossen Wagenknechts-Sichtweise übernimmt, dann sollte sie auch Alt-Kanzler Gerhard Schröder rehabilitieren, dem sie vorwirft durch die Hartz-IV-Gesetze den Sozialschwachen geschadet zu haben. Ich denke, deren Lage ist auch eine Folge der Umverteilungen (Lohndruck durch Osteuropäer/ niedrige Zinsen trugen zu höheren Mieten bei etc.), die losgelöst von Hartz-IV entstanden. Der Autor schätzt den Mut, den Schröder während seiner Amtszeit gleich zweimal gezeigt hat: Durch die Hartz IV-Gesetze und seinem Nein zum Irak-Krieg. Angela Merkel hat hingegen stets einen opportunistischen Ansatz verfolgt. Dies gilt auch für die Grenzöffnung 2015, die erst später richtig kritisiert wurde.

Im Februar 2017 hörte der Autor im zweiten Radioprogramm des Bayerischen Rundfunks ein Gespräch mit dem einzigen deutschstämmigen Bürgermeister Polens. Dieser sagte über die Bewohner seiner in Schlesien liegenden Kleinstadt: *„Ein Drittel unserer Einwohner sind auf den Straßen Europas unterwegs."* Ob diese Zahl exakt stimmt, kann nicht beurteilt werden. Die Kernaussage, ein Großteil seiner arbeitsfähigen Bevölkerung arbeitet in Westeuropa (incl. UK), dürfte aber auf einen beachtlichen Teil des ländlichen

---

[156] Zur innerparteilichen Kontroverse: https://www.welt.de/politik/deutschland/article161016616/Die-Linke-wagt-es-nicht-Wagenknecht-Einhalt-zu-gebieten.html

Raumes in Ländern wie Polen, Ungarn, Rumänien und Bulgarien zutreffen. Dazu gibt es noch die baltischen Staaten etc. Dies wurde durch die EU-Osterweiterung sowie die Arbeitnehmerfreizügigkeit sukzessive ermöglicht. Die Auswanderung stabilisiert einerseits die osteuropäischen Länder, da diese so Devisen erhalten und andererseits der Druck aus „bitterarmen Auswanderregionen" genommen wird. Bereits 3 Millionen Rumänen sollen im Ausland leben. Die Kehrseite ist, dass auch Fachkräfte gehen, die anstelle von 400 Euro dann 8.000 Euro/ Monat verdienen können. Immerhin ist so die Arbeitslosenquote in Rumänien auf unter 6% gesunken[157]. (Mir ein Rätsel ist, wer später einmal die alten Menschen dort pflegen soll, wenn deren Kinder in den Westen gezogen sind und ausgebildete Pfleger von Deutschland abgeworben werden.)

Die Migration (Saldo aus Zuwanderung abzüglich Abwanderung) allein aus Osteuropa nach Deutschland ist beachtlich und hat sich binnen der kurzen Zeit seit Beginn der Freizügigkeit verdoppelt:

---

[157] Quelle für diese Ausführungen zu Rumänien: Handelsblatt, 23.05.2017, S. 14

	EU-beitritt	Freizü-gigkeit	in Deutschland vor Freizügigkeit			Zuwanderung seit Freizügigkeit bis 1. Halbjahr 2018			Anstieg seit Freizügigkeit
			2011 *)	2014*)	2015*)	2011 **)	2014*)	2015*)	
Estland	2004	2011	4.394			2.788			63,5%
Lettland	2004	2011	14.257			23.119			162,2%
Litauen	2004	2011	23.522			31.680			134,7%
Polen	2004	2011	419.435			463.179			110,4%
Slowakei	2004	2011	26.296			34.444			131,0%
Slowenien	2004	2011	20.034			9.375			46,8%
Tschechien	2004	2011	35.480			26.210			73,9%
Ungarn	2004	2011	68.892			158.159			229,6%
Rumänien	2007	2014		267.398			409.238		153,0%
Bulgarien	2007	2014		146.828			165.683		112,8%
Kroatien	2013	2015			263.347			122.834	46,6%
Σ			612.310	414.226	263.347	748.954	574.921	122.834	112,2%

*) Quelle: 2010/2013: Statistisches Bundesamt Bevölkerung und Erwerbstätigkeit

**) Quelle: Bundesamt für Migration: Freizügigkeitsmonitoring 1. Halbjahr 2018

Abb. 35 Zuzug nach Deutschland im Zuge der EU-Freizügigkeit

Exkurs Migration

Die obige Tabelle verdeutlicht ebenso wie die Auswande-
rungswellen der vorherigen Jahrhunderte, dass Arbeitsmigra-
tion eigentlich etwas ganz Normales ist. Im 19 Jahrhundert
sind Millionen von Deutschen und anderen Europäern in die
USA ausgewandert. In den USA und Kanada sollen heute 40
Mio. Menschen mit irischen Wurzeln leben – die irische Insel
zählt heute nur etwa 6 Mio. Einwohner. In Deutschland zahl-
ten einige Landkreise sogar die Überfahrt umso „Dampf aus
dem Kessel" zu nehmen: Als Folge der hohen Geburtenzahlen
konnte man all die Jugendlichen einfach nicht beschäftigen. In
Irland war die Not so groß, dass die Regierung für all die Ge-
strandeten Arbeitshäuser einrichtete – Kost und Bett gegen
Arbeit.

Dennoch sehen die Meisten von uns die Migranten aus Afrika
nicht als Arbeitsmigranten sondern als „Flüchtlinge" an. Diese
Auffassung ist nach Ansicht des Verfassers durchaus rassis-
tisch, impliziert sie doch, dass sich Afrika weder entwickelt
noch überhaupt „was auf die Reihe bringt" und dass die Betroffenen aus Afrika regelrecht „fliehen" müssen. Dabei war
die Entwicklung in Afrika in den letzten Jahren bzw. Jahrzehnten überwiegend gut bis sehr gut. Nicht nur dass das Handy-
Netz oft besser als unseres ist, die U-Bahnen in Addis Abeba
wohl zuverlässiger als die Münchner S-Bahnen sind und die
Emanzipation in Ruanda fortentwickelter als bei uns ist, nein,
auch die Wirtschaft entwickelt sich häufig sehr gut, wie die
IWF-Prognose für 2019 erwarten läßt, die nachfolgend wie-
dergegeben wird. Sogar Ghana entwickelt sich gut: Das Land
war am Ende der Kolonialzeit genauso arm wie Süd-Korea.
Heute ist Süd-Korea über 60 mal reicher[158]. Soviel zur These
die Kolonialzeit hätte Afrika die Zukunft geraubt. Ghana holt
heute aber auf – vermutlich erstmals.

---

[158] https://medienportal.univie.ac.at/uniview/forschung/detailansicht/arti-
kel/meine-forschung-ghana-und-suedkorea-im-globalgeschichtlichen-ver-
gleich/

Wachstumsprognose für 2019[159]

Äthiopien	8,5%	Benin	6,3%
Ruanda	7,8%	Kenia	6,1%
Ghana	7,6%	Uganda	6,1%
Elfenbk.	7,0%	B. Faso	6,0%
Senegal	6,7%	Guinea	5,9%
Tansania	6,6%	Nigeria	2,3%
		Südafrika	1,4%

Größere Kriege/ Auseinandersetzungen gibt es in Ländern wie Gambia (2015 verließen als Folge des Pull Faktors der offenen Grenzen 2% der Einwohner ihr Land[160]) übrigens nicht. Der Grund für die Migration aus Afrika ist schlicht die extreme Geburtenrate, die auch in Europa zur Auswanderung führte. Dies gilt umso mehr, wie die klassischerweise erste Adresse für Migranten, die eigene Hauptstadt, häufig bereits überfüllt ist. Von 1963 bis 2013 – also binnen 50 Jahren – stieg die Einwohnerzahl Lagos von 665.000 auf 14,5 Mio. Menschen[161].

In der Schule habe ich gelernt, dass die Afrikaner viele Kinder bekommen, da diese zur Alterssicherung dienen und es keine Rentenversicherung gibt - vollkommender Quatsch. Als ich dies gelernt habe, lag die Lebenserwartung in Afrika bei deutlich unter 50 Jahren[162]. Damals wie heute bekommt beispielsweise in Niger ein Mädchen ihr erstes Kind mit durchschnittlich 14 Jahren, Anfang 20 hat sie dann bereits 7 Kinder[163]. In dem Alter sollen die Mädchen an ihre Altersvorsorge denken?

Seit Beginn der jeweiligen Freizügigkeit für Bürger der osteuropäi-

---

[159] https://orf.at/stories/3107588/

[160] https://gaborsteingart.com/?podcast=268 – Interview mit Gerhard Knaus

[161] https://de.wikipedia.org/wiki/Lagos

[162] https://www.bib.bund.de/DE/Fakten/Fakt/W47-Lebenserwartung-Kontinente-ab-1950.html

[163] http://www.bpb.de/politik/innenpolitik/demografischer-wandel/287030/bevoelkerungswachstum-in-niger?p=all

schen EU-Staaten sind 1,45 Mio. Menschen nach Deutschland gezogen. Die „Experten" waren von wesentlich weniger ausgegangen[164]. Das Gros dieser Menschen ist gekommen um hier zu arbeiten und benötigt daher Arbeitsplätze. Grundsätzlich dürfte der ganz überwiegende Anteil der Zuwanderer hier arbeiten wollen. Das Bundesamt für Migration und Flüchtlinge[165]:

„Nahezu 90 Prozent der Neueinwanderer aus der EU sind im erwerbsfähigen Alter zwischen 15 und 64 Jahren. Aussagen über deren Teilnahme am Arbeitsmarkt sind jedoch hier nicht möglich, da solche Angaben bei Unionsbürgern im AZR nicht erfasst werden."

Es ist naheliegend und verständlich, dass eine derart hohe Zuwanderung gerade im Bereich von weniger qualifizierten Jobs (Sprachthematik reduziert zwangsläufig die Qualifikation) zu einem Lohndruck bei den möglichen Berufen führen muss (s.u.).

Wer die Zeitreihen in der Quelle, dem Freizügigkeitsmonitoring, anschaut, wird feststellen, dass sich die Dynamik der Zuwanderung i.d.R. nicht abschwächt. Mit Ausnahme vom Boomland Tschechien wandern je Land etwa genauso viele aus wie vor einigen Jahren. Da die Länder i.d.R. eher über einen Sterbeüberschuss verfügen, reduziert sich ihre Einwohnerzahl bzw. ihre Überalterung schreitet stark voran. Die Zahlen der Migration nach Deutschland sind gedanklich um jene in die anderen Zielländer (bislang vor allem UK) zu ergänzen.

Bei einem geringeren Teil der Zuwanderer handelt es sich um Kriminelle oder Armutsflüchtlinge, die in Schrottimmobilien leben und ausschließlich von staatlicher Hilfe leben wollen bzw. als Folge ihrer Wohnortwahl (Ruhrgebiet), ihrer geringen Qualifikation und ihres sozialen Verhaltens keine Chance am Arbeitsmarkt haben (s.u.).

---

[164] Für Polen waren 50.000 bis 100.000 genannt worden, also nur ein Bruchteil vom Ist http://www.tagesschau.de/ausland/arbeitnehmerfreizuegigkeit114.html
[165] http://www.bamf.de/DE/Infothek/Statistiken/Wanderungsmonitor/Freizuegigkeit/freizuegigkeit-node.html

Eines vorweg: Der Autor hat vor der Leistung der Zuwanderer, die hier (schwer) arbeiten wollen und deren Bereitschaft Lebensbedingungen zu akzeptieren, die für ihn undenkbar wären, großen Respekt. In Deutschland müssen beispielsweise ostdeutsche Leiharbeiter regelmäßig Sonntag-Abend in den Westen, z.B. von Mecklenburg nach Bayern, pendeln, was für den Autor bereits eine Zumutung wäre. Die Lebensqualität der osteuropäischen LKW-Fahrer, die ihre Wochenenden auf irgendeinem deutschen Autobahn-Parkplatz verbringen müssen, erscheint ihm noch niedriger. Ganz zu schweigen von denen, die in Massenunterkünften oder gar auf der Straße leben. Die LKW-Fahrer leben übrigens nicht nur ein paar Tage hintereinander auf der Straße, sondern häufig mehrere Wochen. Aber Ziel des Buches hier ist ja die Objektivierung der Aussage „ohne die EU wäre unser Wohlstand nicht möglich" indem die „individuellen Kosten" näherungsweise ermittelt werden.

Ohne Zweifel hat ein Großteil der Zugezogenen allein schon auf Grund der geringen Sprachkenntnisse Arbeiten im Niedriglohnsektor angenommen. Dies dürfte insbesondere für Rumänen und Bulgaren gelten. Der Verfasser hatte die Gelegenheit zum Besuch des größten Schweineverwerters Europas, der Firma Tönnies in Rheda-Wiedenbrück. Von den rund 9.000 Schlachtern und Zerlegern am Standort kommt das Gros mittlerweile aus Rumänien. Die vormals engagierten Polen suchen sich heute andere Arbeit. Aus dem gleichen Grund klagen Landwirte mittlerweile über einen Mangel an Saisonarbeitern. Polen haben, wie auch Slowaken, Slowenen oder Kroaten einen sehr guten Ruf und auch Ausbildung, wie der Verfasser durch ausgiebige Befragung ihm bekannter oberbayerischer Unternehmen aus den Sektoren Metallbau, Bau oder Blechverarbeitung erfuhr. Sie erhalten die gleiche Bezahlung wie ihre deutsche Kollegen. Dies gilt auch für Leiharbeitsfirmen, die beispielsweise gute Schweißer aus Ex-Jugoslawien für rund 40 Euro/ Stunde „verkaufen" können. Ein direktes Lohndumping ist hier also nicht ersichtlich, doch dürften nach den Gesetzen von Angebot und Nachfrage die deutschen Facharbeiter, wenn es keine Kollegen aus den EU-Ländern gäbe, mehr verdienen.

Als Niedriglohn definiert die OECD einen Lohn, wenn er weniger als 2/3 des durchschnittlichen Lohns erreicht. In Deutschland liegt diese Schwelle derzeit bei etwa 10 Euro. Es stimmt, dass einige Tausend Ärzte aus Osteuropa nach Deutschland übergesiedelt sind und unter den Migranten somit auch Hochqualifizierte anzutreffen sind. Doch was sind schon weniger als 10.000 Ärzte, noch dazu andere qualifizierte Berufe wie Programmierer etc. im Vergleich zu 1,4 Mio.? Ein beachtlicher Teil der Zugezogenen hat den Niedriglohnsektor bereichert. Und wenn das Gesetz von Angebot und Nachfrage auch hier gilt, hat dies unmittelbar zu einem Rückgang der (realen) Stundenlöhne der einheimischen Arbeitnehmer geführt.

Lord King, der ehemalige Notenbankchef Großbritanniens, sagte über sein Land[166]:

„Wir hatten einen großen Zustrom aus Osteuropa. Die erste Reaktion mancher war: «Hervorragend. Alle Arbeitgeber mochten es. Überall in Londoner Bars, Restaurants und Hotels sowie auf Baustellen waren Osteuropäer beschäftigt, die billiger sind und härter arbeiten. Wenn man aber ein britischer Klempner oder Bauarbeiter ist, sieht das anders aus. Die Zuwanderungswelle war substanziell."

Die Befürworter der Arbeitnehmerfreizügigkeit werden zudem sagen, dass die Osteuropäer häufig Arbeiten verrichten, die kein Einheimischer mehr machen würde. Ob dies vollumfänglich stimmt, bezweifle ich seit einem Urlaub in der Schweiz während der Faschingsferien 2018. Vorweg, wir waren dort mit dem Wohnmobil in Kandersteg, einem schönen, aber leicht zurückgebliebenen Ort abseits des Massentourismus. Im kleinen Skigebiet kostete die Tageskarte übrigens „nur" 46 Franken – günstiger als in den großen Skigebieten Österreichs. Wir fuhren einmal mit dem Ortsbus und unterhielten uns am Ziel mit dem jungen Schweizer Busfahrer. Seine Krawatte saß perfekt, er hatte eine gute Ausdrucksfähigkeit, war sehr freundlich und hätte in Deutschland leicht als junger Teamleiter einer Abteilung durchgehen können. Warum aber war er dann

---

[166] https://www.nzz.ch/wirtschaft/mervyn-king-im-gespraech-der-brexit-ist-nicht-das-groesste-problem-der-eu-ld.1301312

Busfahrer in einem Land mit Vollbeschäftigung? Vermutlich weil
das Gehalt paßt? So dürfte es sein. Denn laut dem Vergleichsportal
„Lohnanalyse" verdient der typische deutsche Busfahrer im Jahr
25.921,31 Euro, sein Schweizer Kollege aber 66.564,29 Franken[167].
Natürlich ist das Leben in der Schweiz teurer, aber nicht um den
Faktor 2,5. D.h. der Schweizer Busfahrer hat vergleichbar mehr
Geld zur Verfügung als der Deutsche. Da brauche ich mich nicht zu
wundern, wenn bei mir im Landkreis München jüngere Busfahrer
mit aufgesetzten Kopfhörern so wild Bus fahren, dass sich bereits
Gemeinderäte mit ihnen beschäftigen müssen. Aus der lokalen
Presse[168]:

*„Es gibt Berichte von schlecht Deutsch sprechenden, überforderten
Busfahrern, die Haltestellen übersehen und Fahrgäste stehen lassen.
Mancher fragt sich, ob man dem Unternehmen nicht kündigen kann.
Ein Bahnsprecher freilich sagt nach einer ersten Recherche im Haus,
es seien in jüngster Zeit keine Beschwerden bekannt. Allerdings sei
eins klar: Qualifiziertes Personal sei schwer zu bekommen. Der Markt
für Busfahrer sei wegen der großen Konkurrenz leergefegt."*

In Kandersteg leisteten wir uns sogar den Luxus einmal abends im
Restaurant ein Käsefondue zu essen. Und wieder eine Überra-
schung: Zwei ältere, einheimische Frauen, die sicherlich das Pensi-
onsalter längst erreicht hatten, brachten die Getränke und räumten
ab. (Auf Grund der zahlreichen fremdsprachigen Gäste und vermutlich nur begrenzter Englischkenntnisse konnten sie keine Bestellun-
gen annehmen.) Sicherlich werden sie nach der vollbrachten Arbeit
müde sein und sich vielleicht erst nach einem Tag wieder erholt haben. Aber wenn sie diesen Job einmal die Woche machen, kann eine
etwaige Rentenlücke gut gefüllt werden. Das Fehlen von ausländischen Hilfskräften hat dieses Lokal offenbar bewogen so viel zu
zahlen, dass die Arbeitsreserve mobilisiert wurde.

---

[167] http://www.lohnanalyse.de/de/loehne/details/busfahrerin.html#tab1
[168] http://www.sueddeutsche.de/muenchen/landkreismuenchen/haar-zu-
spaet-zum-unterricht-1.3848938

Sicherlich gibt es Branchen, in denen so gut wie kein Deutscher mehr arbeiten würde, in denen somit das Lohnniveau von Deutschen durch das Angebot an osteuropäischen Arbeitskräften nicht gesenkt wurde. Eine Senkung erfolgte häufig gleichwohl durch die Konkurrenz der Osteuropäer untereinander. Anders sind die teilweisen menschenverachtenden Stundenvergütungen kaum zu erklärten. Rumänen akzeptieren mittels Werksverträgen Stundenlöhne um 4 Euro und sind im Gegenzug zur 70-Stunden-Woche bereit[169]. Freizeit kostet Geld oder bedeutet Langeweile, da wird Arbeit akzeptabler – unabhängig von der finanziellen Notwendigkeit. Ein dem Verfasser bekannter Bauleiter beschrieb ihm das Leben in einem typischen Wohncontainer für Osteuropäer so: *„Nach der Arbeit wird gekocht. In der einen Hand wird der Kochlöffel gehalten, in der anderen die Bierflasche. Nach dem Essen wird nur noch die Bierflasche gehalten."* Bei dieser Perspektive sind Überstunden nicht nur lukrativ, sondern vermutlich auch noch gesünder als Freizeit. Noch dazu wenn im Sommer die Temperatur im Wohncontainer auf über 40 Grad steigt und der Durst entsprechend ansteigt.

Als Bereiche, in denen nur noch wenige Deutsche tätig werden wollen, sind u.a. zu nennen die Fleischwarenindustrie (vgl. Tönnies), das Schweißen (zumindest in Süddeutschland erhalten auch Osteuropäer hohe Vergütungen[170]), Erntehelfer[171] oder das Speditionswesen (seit der Abschaffung der Wehrpflicht gibt es immer weniger LKW-Führerscheine), aber wie verhält es sich in Bereichen wie Verkaufspersonal, Paketfahrer, Pflegekräfte…? Und auch in den zuvor genannten Berufen mit zu wenigen deutschen Bewerbern stellt sich

---

[169] http://www.taz.de/!5013291/

[170] Der Autor kennt Unternehmen, die für ost- und südeuropäische Leiharbeiter rund 40 Euro/ Stunde zahlen, wenn diese gut schweißen können.

[171] Michael Porter hat seinem Buch Nationale Wettbewerbsvorteile darauf hingewiesen, dass die hohen Lohnforderungen der Gewerkschaften nach dem Krieg zu einem permanenten Rationalisierungsdruck in Deutschland geführt haben. Aus diesem Grund entwickelte der deutsche Maschinenbau immer bessere Maschinen für den heimischen Markt, die in der Folge exportiert wurden. Insofern kann das Beispiel „Erntehelfer" ein Beispiel dafür sein, wie der Rationalisierungsdruck durch das Angebot an Arbeitern an sich und noch dazu günstige entschärft wird.

die Frage, ob das zusätzliche Angebot an Arbeitskräften die Vergütung der verbliebenden Deutschen nicht reduziert.

Die Forschungseinrichtung der Bundesagentur für Arbeit, das Institut für Arbeitsmarktforschung (IAB), stellte im Dezember 2017 fest, dass im September 2017 150.000 Bulgaren und Rumänen Leistungen nach dem SGB II erhielten. Die Hilfequote lag bei 16,8%. Wichtiger:

„Auffallend hoch ist der Anteil an erwerbstätigen Leistungsbeziehern. So waren im August 2017 42,5 Prozent der erwerbsfähigen Leistungsberechtigten aus Bulgarien und Rumänien erwerbstätig, im Vergleich zu 24,7 Prozent bei den Ausländern insgesamt."[172]

D.h. viele Bulgaren und Rumänen werden so schlecht bezahlt, dass sie ihren (bescheidenen) Lebensunterhalt nicht decken können bzw. es handelt sich um die Bewohner der Schrottimmobilien des Ruhrgebiets (s.u.), Offenbachs oder anderer Problemgebiete. Diese Aufstocker erhalten vom Vermieter der Immobilie einen Arbeitsvertrag über 450 €, so dass sie als EU-Bürger nach der Karenzzeit voll unterstützungsberechtigt werden. Für diejenigen, die für ihre Arbeit schlecht bezahlt werden, heißt es im Umkehrschluss, dort wo sie auf dem Arbeitsmarkt in Konkurrenz zu Einheimischen treten, drücken sie das Lohnniveau. Dies kann auf vielfältige Weise geschehen:

Beispiel Einzelhandel

Die klassische Arbeit des Verkäufers im LEH konnte durch den Einsatz von primär osteuropäischen Regalauffüllern reduziert werden. Hierdurch wird in Summe weniger ausgebildetes oder deutschsprechendes Verkaufspersonal benötigt mit entsprechender Auswirkung auf das Gehalt. Die Vergütung der Regalauffüller ist mit oder ohne Werkverträgen so gering, dass die Einzelhändler die Nachteile akzeptieren: Durch den nur periodischen Einsatz (ein- oder zweimal die Woche) sind einzelne Artikel bisweilen ausverkauft, so dass

---

[172] http://doku.iab.de/arbeitsmarktdaten/Zuwanderungsmonitor_1712.pdf

Marge verlorengeht und Kunden unzufrieden sind. Bis zur Einführung des Mindestlohnes verdienten Regalauffüller weniger als 8,50 €/ Stunde, häufig betrug ihr Verdienst 6 bis 7 €/ Stunde[173].

Beispiel LKW-Fahrer

Ausländische LKW-Fahrer bekommen wie ihre deutschen Kollegen zwar einen Arbeitsvertrag der eine Vergütung zumindest auf dem Niveau des Mindestlohnes enthält und die maximale Arbeitszeit nennt. Zusätzlich haben die Osteuropäer aber oftmals noch einen zweiten Vertrag der nur eine fahrtenbezogene Vergütung von wenigen Cent je km vorsieht. Statt 1.200 bis 2.200 Euro im Monat erhalten sie dann nur 500 bis 600 Euro, also nur etwa 25% dessen war ihr deutscher Kollege verdient.[174]

Beispiel: Paketzusteller

Der Autor, wohnhaft in einer an München angrenzenden Gartenstadt, stieg vor einigen Monaten gegen 21 Uhr aus seinem Auto als er von einem etwa 45 jährigem Paketzusteller im nur bruchstückhaften Deutsch nach einer Hausnummer gefragt wurde. Kaum hatte der Paketzusteller erfahren, wo er sein Paket abzuliefern hat, rannte er los. Der Autor hatte Mitleid mit diesem armen Kerl, der vermutlich seit dem Morgen von einer Adresse zur nächsten rennt und kaum mehr als den Mindestlohn erhalten wird.

Teilweise werden die Pakete über Sub-Sub-Unternehmer ausgefahren umso Sozialversicherungsbeiträge zu sparen[175].

Möglicherweise für den Fall, dass Sub-Unternehmer nicht länger darstellbar sind, gründete die Deutsche Post im März 2018 einen

---

[173] http://www.nebenjob.de/nebenjob_recherche/regalauffueller-trade-log.html
[174174174] K. Ludwig: Mit allen Tricks gegen den Mindestlohn, in: Süddeutsche Zeitung 07.06.2017 bzw. http://www.sueddeutsche.de/wirtschaft/gehaelter-mit-allen-tricks-gegen-den-mindestlohn-1.3537205
[175] https://www.welt.de/wirtschaft/article135229761/Die-vergessenen-Arbeiter-der-Paketdienste.html

neuen Betrieb, die Gewerkschaften befürchten eine „Aushöhung der Tarifverträge"[176]

Beispiel: Scheinselbständige (z.B. LKW-Fahrer, Schlachthof-Arbeiter, Bauarbeiter)

Der Mindestlohn wird umgangen mittels Gründungen von GbR, für die kein Kapital notwendig ist. Da sie nur einen Auftraggeber haben, besteht absolute Abhängigkeit. Die Süddeutsche Zeitung zitiert Martin Schinke, Vorsitzender bei der Bezirksgruppe Zoll der Gewerkschaft der Polizei[177]:

„Häufig trifft dies ausländische Arbeitnehmer, oft aus Bulgarien oder Rumänien." Die seien leichter auszubeuten. Denn für sie könne es attraktiv sein, „für fünf Euro netto in Deutschland zu arbeiten. Diese Menschen sind so sparsam und leben hier in so ärmlichen Verhältnissen, dass sie von ihrem geringen Verdienst noch Geld zu ihren Familien nach Hause schicken", sagt Schinke.

Seit der EU-Osterweiterung sei lt. Statistischem Bundesamt die Anzahl der entsprechenden Gesellschaften auf mehr als 200.000 gestiegen.

Beispiel: Uber-Fahrer

Die Süddeutsche Zeitung berichtete über ein Gerichtsurteil in England: Dort droht 33.000 Uber-Fahrern der Verlust ihrer Taxifahrer-Lizenz, da sie nicht über den Nachweis über ausreichende Kenntnisse der englischen Sprache verfügen. Vom Uber-Geschäftsmodell her – alles wird digital abgewickelt – mag das Fehlen der Sprachkenntnisse kein Problem sein. Letztlich wurden aber einheimische Taxifahrer verdrängt. Sie waren einfach zu teuer. Ihre adäquate Bezahlung würde zu höheren Taxi-Tarifen und in der Folge zu einer geringeren Nachfrage führen. Kann dies aber ein Grund sein auf sie zu verzichten? Beim Umweltschutz wird auch

---

[176] Vgl. http://www.spiegel.de/wirtschaft/unternehmen/deutsche-post-zusteller-sollen-in-neuen-betrieb-ausgelagert-werden-a-1197588.html
[177] Süddeutsche Zeitung 23.05.2017 bzw. http://www.sueddeutsche.de/wirtschaft/2.220/mindestlohn-geschickte-tarnung-1.2533945

nicht auf Umweltstandards verzichtet weil ohne sie die Produktion günstiger wäre oder eine größere Nachfrage erreicht werden würde.

Wertung der Arbeitnehmer-Freizügigkeit

In Zeiten der weitgehenden Vollbeschäftigung zu sagen, dass Osteuropäer Arbeitsplätze wegnehmen, ist definitiv nicht korrekt. Aber sie tragen sicherlich zu einer Umverteilung bei. Wenn die Zahl der osteuropäischen Arbeitnehmer in Deutschland binnen weniger Jahre um rund eine Million gestiegen ist, dann stellt sich die Frage, ob sie nur in neugeschaffenen Arbeitsplätzen angeheuert haben oder ob sich Angebot und Nachfrage verändert haben - mit entsprechender negativer Konsequenz auf die Löhne. Durch die niedrigeren Löhne steigen übrigens die Unternehmensgewinne, so dass die Boni der Vorstände erhöht werden können. Die Süddeutsche berichtete über einen polnischen DHL-Paketfahrer, der in Deutschland fahrend im Jahr 10.000 Euro verdient[178]. Der Post CEO Frank Appel verdiene im gleichen Jahr 10 Mio. Euro[179], also das 1.000 fache. So funktioniert Umverteilung[180]. In diesem Fall weniger als Kollateralschaden als gezielt.

Es ist schwer abzuschätzen, um wieviel die Vergütung der Niedrigverdiener durch die Billigst-Konkurrenz gedrückt wird. Hier wird pauschal ein Betrag von 1-2 €/ Arbeitsstunde unterstellt. Mittelfristig ist davon auszugehen, dass bei einfachsten Tätigkeiten die Osteuropäer von arabischen und afrikanischen Zuwanderern verdrängt werden. Vielleicht auch von Robotern. Lebensmittelhändler experimentieren bereits mit Reinigungsrobotern, die nachts nicht

---

[178] http://www.sueddeutsche.de/wirtschaft/deutsche-post-fahrer-klagt-gegen-die-niedrigloehne-der-deutschen-post-1.3743689
[179] https://www.finance-magazin.de/cfo/fuehrung-karriere/debatte-um-vorstandsgehaelter-erreicht-deutsche-post-1399861/
[180] An dieser Stelle möchte der Autor darauf hinweisen, dass er seit Jahren als Unternehmensberater im Mittelstand tätig ist und dort so gut wie nie einen solchen Lohndruck erlebt hat.

nur den Supermarkt reinigen, sondern dabei auch den Regalbe-
stand überprüfen.

Der Autor ist übrigens der Ansicht, dass die sinkenden Reallöhne
wie auch die jahrelang steigenden Sozialabgaben nur dank der Effi-
zienz der deutschen Lebensmitteldiscounter wie Lidl oder Aldi
tragbar waren. Laut einer Analyse des Marktforschungsinstituts IRI
kostet der Inhalt eines repräsentativen Warenkorbs in den USA
oder Griechenland 50% mehr als in Deutschland. Mit Deutschland
vergleichbar wären die Niederlande oder Spanien.[181] Hätte
Deutschland die Lebensmittelpreise wie sie in weiten Teilen Süd-
oder Osteuropas üblich sind, hätten die Geringverdiener leicht 100
oder 200 Euro im Monat weniger zur Verfügung.[182]

Im italienisch-sprachigen Kanton Tessin ist die Verdrängung der
Einheimische durch wesentlich günstigere, gut ausgebildete und die
gleiche Sprache sprechende Italiener empirisch bewiesen. An der
Grenze zu Italien haben mittlerweile 320 Modefirmen Niederlas-
sungen oder gar ihre Zentrale entrichtet. Sie profitieren dabei von
den effizienten Rahmenbedingungen der Schweiz samt ihrer niedrigen Steuersätze und der Nähe zum Modezentrum Mailand gepaart
mit dem italienischen Gehaltsniveau, das deutlich unter dem der
Schweiz liegt:

*„Unterhält man sich mit Tessinern, so scheint jeder einen Bekannten
zu kennen, der seinen Job an einen billigeren Grenzgänger verloren
hat. „Wenn ich nach meinen Gehaltsvorstellungen gefragt werde und
meinen Schweizer Lohn nenne, erhalte ich nicht selten die Antwort,
dass man dafür ja zwei Frontalieri anstellen könnte“, erzählt eine
Stellensuchende.“*[183]

---

[181] Vgl. http://www.wiwo.de/unternehmen/handel/lebensmittelpreise-deut-
sche-verhaeltnisse-schwappen-nach-grossbritannien-ueber/13630774.html
[182] Diese Aussage beruht nicht nur auf Preisvergleiche, die während Urlauben
vorgenommen wurden, sondern auch darauf, dass beispielsweise baltische
LKW-Fahrer Autobahn-nah gerne große Mengen bei Aldi oder Lidl für Zuhause
einkaufen.
[183] Neue Zürcher Zeitung, 03.06.2017 bzw. https://www.nzz.ch/wirt-
schaft/das-tessin-sieht-rot-ld.1296339

Was hier so explizit benannt wurde, gilt sicherlich auch im kleineren, unauffälligeren, aber für die Betroffenen letztlich doch Existenz-bedrohenden Rahmen – bestenfalls wird nur der Traum vom Eigenheim bedroht. Volkswirtschaftlich wird die Arbeitnehmerfreizügigkeit vermutlich dennoch richtig sein. So erhalten die osteuropäischen Staaten wie Polen, Bulgarien und Rumänien eine massive Unterstützung, die dort offenbar auch ankommt. Gleichzeitig wird der dortige Arbeitsmarkt als Folge des Wegzuges großer Bevölkerungsteile entlastet. Berechtigt erscheint aber auch die Frage, ob der Zuzug zwischenzeitlich nicht Formen annimmt, der zu einer Belastung der Einheimischen führt.

Vergleiche mit weiteren (europäischen) Ländern sind schwierig, da weltweit kaum ein Land eine solche Beschäftigungsquote wie Deutschland aufweist und zudem Deutschland eine Wirtschaftsleistung erzielt, die über dem Niveau vor der Finanzkrise liegt. Andere Länder haben das Vorkrisenniveau noch immer nicht erreicht. Die demographische Entwicklung Deutschlands unterscheidet sich ebenfalls von der in anderen Ländern.

Der Global Wage Report 2016/17 der „International Labour Organization" bemerkt auf S. XVI:

"This year's report shows that, after some expected countercyclical upward movement in the labour share in many countries during the years 2007–10, the labour share has resumed its long-term decline in a small majority of countries during 2010–15. Exceptions include China, Germany and the United States, but even in these countries the labour shares remain far below their peak levels."

In seinem Standardwerk „Nationale Wettbewerbsvorteile"[184] hat Michael Porter bereits vor drei Jahrzehnten als einen der Gründe für den Aufstieg des deutschen Maschinenbaus den Rationalisierungsdruck in Deutschland identifiziert: Durch die hohen Lohnforderungen der Gewerkschaften seit den 60er Jahren wurde händische Arbeit in Deutschland immer teurer. Hierdurch entstand ein

---

[184] https://de.wikipedia.org/wiki/Diamanten-Modell

Rationalisierungsdruck. Der Maschinenbau entwickelte produktivere Maschinen, die in der Folge exportiert wurden und somit halfen das Deutschland Exportweltmeister wurde. Das Angebot zu billiger Arbeitskräfte kann daher den Innovationsdruck reduzieren und somit die Wettbewerbsfähigkeit Deutschlands schwächen. Eine Erdbeerpflück-Maschine kostet rund 100.000 Euro, schafft die Leistung von sechs Arbeiter, benötigt aber einen Maschinenbediener und verursacht Betriebskosten wie Diesel etc.[185]. Im Vergleich zum deutschen Mindestlohn rechnet sie sich wesentlich schneller wenn der Lohn höher ist als im Vergleich zu einem Stundenlohn von drei Euro. Das Handelsblatt[186] berichtete im Juni 2017 von der ersten vollautomatischen Paketöffnungsmaschine, die zusammen von Siemens und Kuka, entwickelt wurde. Die für große Versandhändler (Retouren) gedachte Maschine kann 600 Pakete in einer Stunde öffnen und ersetzt so vier Hilfskräfte.

Die Deutsche Gesetzliche Unfallversicherung (DGUV) Spitzenverband der gewerblichen Berufsgenossenschaften und der Unfallversicherungsträger der öffentlichen Hand, erfasst alle Arbeitsunfälle. In ihrer Statistik „Unfallgesehen 2015"[187] schreibt sie auf S. 37:

„Auch die beruflichen Einsatzbereiche, bei denen Ausländer verunfallen, unterscheiden sich von denen deutscher Staatsangehöriger. Allgemein lässt sich sagen, dass Ausländer, die einen Unfall erleiden, öfter in ein Berufsfeld mit niedrigerer Qualifikation einzuordnen sind. Insbesondere sind hier die Reinigungs- und Entsorgungsaufgaben, Hilfsarbeiten in der Fertigung und auf dem Bau oder Küchendienste sowie Transport- und Lagerarbeiten zu nennen."

---

[185] http://www.tagesspiegel.de/wissen/ernteroboter-pfluecken-mit-gefuehl/8416662.html - das Modell kommt aus Spanien
[186] Vgl. Handelsblatt, 19.06.2017, S. 31
[187] http://www.dguv.de/medien/inhalt/zahlen/documents/au_statistik_2015.pdf

Ausblick – die Folge des Brexit

Aktuell wird unverändert viel über den Brexit gesprochen, oftmals mit Schadensfreue und der schnellen Analyse, dass die Briten viele Nachteile hätten. An das eigene Land wird dabei nicht gedacht. Offenbar wird davon ausgegangen dass, was für die Briten schlecht ist, für Deutschland gut sein muss. Dem ist aber nicht so. In Großbritannien arbeiten etwa 2,1 Mio. EU-Ausländer, von denen rund 750.000 Polen sind. 2001 lebten in England (nicht UK) nur 61.000 Polen[188]. Der Brexit wurde offenbar vorrangig gewollt weil viele gegen den starken Zuzug und seine Folgen waren. Der Spiegel[189] porträtierte die Brexit-Hochburg Boston. Eine Stadt mit 67.000 Einwohnern, in der sich die Zahl der Neu-EU-Bürger (Osterweiterung) zwischen 2001 und 2011 verfünffacht hat, da es dort viele Arbeitsplätze in der Landwirtschaft gibt. In Boston stimmten fast 76% für den Brexit.

Aus Migrationssicht hat der Brexit somit für Deutschland relevante Folgen. Es ist davon auszugehen, dass das bisherige Migrationsziel England nicht mehr bestehen wird. D.h. Osteuropäer, die künftig im Ausland arbeiten wollen (z.B. Schulabgänger), haben fast keine größere Auswahl mehr – sie müssen nach Deutschland kommen.

Offen ist noch, ab England auch die bereits im Land arbeitenden teilweise heimschicken will. Die wenigsten werden aber heimgehen wollen bzw. können (sie wollen ja Geld verdienen). Neben den Polen wären insbesondere Rumänen und Bulgarien betroffen. Aus beiden Ländern zusammen lebten bereits 2014 rund 150.000 Menschen in UK[190]. Hier könnte ein relativ schubartiger Druck auf Deutschland kommen, auf den wir – wieder einmal – nicht vorbereitet sein werden.

---

[188] https://en.wikipedia.org/wiki/Foreign-born_population_of_the_United_Kingdom
[189] http://www.spiegel.de/politik/ausland/brexit-hochburg-boston-die-gespaltene-stadt-a-1099876.html
[190] http://www.deutschlandfunkkultur.de/eu-buerger-zweiter-klasse.947.de.html?dram:article_id=273719

Die deutsche Wirtschaft würde Brexit-Flüchtlinge sicherlich gerne aufnehmen, nannte doch der Deutsche Industrie- und Handelskammertag noch im Sommer 2019 die hohe Zahl von 1,5 Mio. offenen Stellen in Deutschland[191]. Ein libertär geprägter Staat könnte dem Zuzug ohne Bedenken zustimmen. Ein Staat, der als sein Fundament die soziale Marktwirtschaft angibt, sollte sich jedoch die Frage nach den Kosten für die Allgemeinheit stellen. Es kann davon ausgegangen werden, dass bei der nächsten großen Krise, die – auch wenn wir keine mehr gewohnt sind – kommen wird, gerade die zuletzt eingestellten Mitarbeiter entlassen werden. Im Hinblick auf die Brexit-Flüchtlinge oder weitere Zuwanderer hieße dies, kurze Zeit in die Sozialsysteme einbezahlt und dann schon Transferempfänger.

---

[191] https://www.faz.net/aktuell/wirtschaft/dihk-fachkraefte-muessen-schneller-visa-bekommen-16306653.html

Preiseinbußen bei Handwerksbetrieben

Ebenso wie Arbeiternehmer unter der Konkurrenz osteuropäischer
Billiganbieter leiden, tun dies zunehmend auch Handwerksbetriebe.
Betroffen sind die grenznahen Regionen. Waren in Österreich 2013
noch 30.000 Unternehmen (häufig nur aus dem Inhaber bestehend)
gemeldet, stieg diese Zahl bei 2016 auf hohe 81.000 Unternehmen
mit 200.000 Mitarbeitern, die vorwiegend in den an Osteuropa angrenzenden Bundesländern Kärnten, Steiermark und Burgenland
tätig sind. Im Mai 2017 überprüfte die zuständige Finanzpolizei am
Grenzübergang Spielfeld 100 Fahrzeuge osteuropäischer Firmen:
54 Betriebe hatten weder die erforderliche Meldung über ihre Tätigkeit in Österreich, 55 keine internationale Krankenversicherung
und 80 keine Lohnunterlagen für den Nachweis über die Zahlung
des Mindestlohnes[192]. Lohn- und Sozialdumping waren somit nachgewiesen.

Korrekterweise wird erwähnt, dass aus Sicht eines Münchner
Handwerkers wohl auch Lohndumping vorliegt, wenn sich ein
Handwerker aus der Oberpfalz oder Franken trotz Fahr- und Über-
nachtungskosten erfolgreich um ein Münchner Projekt bewirbt.
Grundsätzlich ist aber davon auszugehen, dass der Franke oder
Oberpfälzer nach vergleichbaren Standards lebt, aber dies halt
günstiger tun kann (Miete/ Hauspreis). Ebenso muß darauf hingewiesen werden, dass in zahlreichen Gegenden Deutschland Handwerker kaum noch zu beauftragen sind und wenn zu Preisen, die
das Bauen fast verunmöglichen.

---

[192] http://steiermark.orf.at/news/stories/2846254/

Der Duisburger Oberbürgermeister Sören Link (SPD) sagte im September 2015 zu Beginn der Flüchtlingseuphorie:

*„Ich hätte gerne das Doppelte an Syrern, wenn ich dafür ein paar Ost-
europäer abgeben könnte." … „Anders als in anderen Städten leben
hier mittlerweile 12.500 Bulgaren und Rumänen, die im Rahmen der
EU-Freizügigkeit kommen. Die meisten von ihnen haben keine Arbeit."*[193]

Duisburg ist die Heimatstadt des Autors und ihm daher – 25 Jahre
nach seinem Wegzug – noch immer ganz gut vertraut. Wer Arbeit
sucht, tut dies zunächst in anderen Städten. Dennoch sind in den
vergangenen Jahren derart viele Bulgaren und Rumänen nach Duisburg und andere Ruhrgebietsstädte gezogen, dass die vormalige
NRW-Ministerpräsidentin Kraft ihnen im Wahlkampf eine Mit-
schuld an der unbefriedigenden Arbeitslosenstatistik ihres Bundes-
landes gab:

*„Wenn Städte wie Duisburg, Dortmund und Gelsenkirchen zusammen
über 30.000 Zuwanderer aus Rumänien und Bulgarien haben, sind
darunter viele potenziell arme und sehr kinderreiche Familien. So etwas fließt in die Statistik ein."*[194]

Bis zu einer Gesetzesänderung hatten zugezogene EU-Bürger bereits nach sechs Monaten Anspruch auf Sozialhilfe und Kindergeld
Anspruch. Da hierdurch Armutsflüchtlinge angelockt wurden, beschloss die Bunderegierung Hilfsleistungen erst nach fünf Jahre zu-
zugestehen[195]. Diese Begrenzung gilt aber nur für EU-Zuwanderer,
die keiner Arbeit nachgehen. Wer über ein Mindesteinkommen von
450 Euro verfügt, erhält hingegen Aufstockungen nach dem ALG II,

---

[193] https://www.welt.de/politik/deutschland/article146520039/Buergermeis-
ter-lieber-Syrer-statt-Osteuropaeer.html
[194] Handelsblatt, 13.04.2017
[195] http://www.rp-online.de/wirtschaft/andrea-nahles-begrenzt-sozialhilfe-
fuer-buerger-aus-anderen-eu-staaten-aid-1.5941944

dies wollte die damalige Sozialministerin Nahles explizit so. Durch den langjährigen, massiven Wegzug aus dem Ruhrgebiet stehen dort zahlreiche Häuser leer, die seit Jahren und Jahrzehnten verwahrlosen. Umgangssprachlich werden diese Gebäude „Schrottimmobilien" genannt. Zwangsversteigerungen kommen häufiger vor, z.B. wenn die Stadt aus Bauschutzgründungen auf Renovierungen besteht oder einfach die Grundsteuer nicht gezahlt wurde. Bei Zwangsversteigerungen (die Häuser kosten sowieso wenig) gehen diese Häuser zu 1/10 des Verkehrswertes an türkische, libanesische oder osteuropäische Käufer. „Schlepper" werben sodann Osteuropäer (bevorzugt kinderreiche Sinti und Roma) an, bringen sie in das Ruhrgebiet, quartieren sie in die Schrottimmobilien ein und geben ihnen Arbeitsverträge über 450 €/ Monat. Durch das Vorweisen eines Verdienstes haben die Zuwanderer Anspruch auf Aufstockungen, die die Städte zahlen müssen. Die Osteuropäer, sowieso froh besser als in ihrer Heimat leben zu können, geben den Großteil der Hilfen an die Vermieter und Schlepper weiter. Laut den Westfälischen Nachrichten verdienen so die Kaufleute mit jeder (überfüllten) Schrottimmobilie bis zu 100.000 Euro/ Monat, die der Steuerzahler zahlt[196]. Nach Verständnis des Verfassers erhalten die Bewohner zusätzlich Rentenansprüche. Auch hier geht es – ähnlich wie bei den Einbrüchen – nicht nur um´s Geld, sondern auch um die Lebensqualität der Bürger: In Duisburg gab es in den ersten vier Monaten 2017 unglaubliche 26 (versuchte) Morde – im Gesamtjahr 2016 waren es „nur" 19[197] - von anderen Straftaten zu schweigen. Zusätzlich sinkt allerdings auch massiv der Wert der benachbarten Häuser und kann so die Existenz von deren Hauseigentümern gefährden, wie eine Dokumentation von Spiegel-TV gezeigt hat[198]: In den benachbarten Häuser will auf Grund der aus Armutsflüchtlingen bestehenden Nachbarschaft, die Müll incl. Lebensmittelreste

---

[196] http://www.wn.de/NRW/2755807-Abzocke-mit-Schrott-Haeusern-im-Ruhrgebiet-Rumaenen-und-Bulgaren-kassieren-zu-Unrecht-Sozialleistungen
[197] https://www.derwesten.de/staedte/duisburg/fast-20-prozent-mehr-fahr-raddiebstaehle-in-duisburg-so-will-die-polizei-dagegen-vorgehen-id210504881.html
[198] http://www.spiegel.de/sptv/spiegeltv/spiegel-tv-magazin-ueber-schrottim-mobilien-in-duisburg-marxloh-a-1119065.html

einfach aus dem Fenster wirft und somit Ratten anzieht, niemand
mehr leben. Die Mieteinnahmen brechen weg und die Rückzahlung
des Immobilienkredites gerät ins Wanken. Es geht hier nicht um
anonyme Großinvestoren. Spiegel-TV zeigte beispielhaft einen bes-
tens integrierten türkischen Stahlarbeiter mit eigenen Brieftauben
(!), der ein Mehrfamilienhaus nicht nur mit Eigenkapital, sondern
mit einem Darlehen erwarb. Seine Kalkulation mit der bis dahin
ortsüblichen Miete von 6 €/ qm geht nicht mehr auf, da er jetzt bestenfalls noch 2,50 €/ qm erlöst. Seine Tauben werden zudem von
den angelockten und sich vermehrenden Ratten gefressen.

Gezeigt wurde auch ein Arbeiter-Ehepaar, dass vor Jahren die
selbstgenutzte Wohnung für 64.000 DM (heute grob 32.000 €)
kaufte. Die gleiche Wohnung konnte ihr Nachbar nach langem Suchen nach einem Käufer für gerademal 8.000 € verkaufen. Dass die
langjährigen Bewohner solcher Stadtteile für Politik nur noch wenig übrig haben, versteht sich ebenso wie die Verachtung für manche Politiker, von denen sie sich im Stich gelassen fühlen. Bei der
Landtagswahl in NRW 2017 betrug die Wahlbeteiligung in Duis-
burg-Marxloh konsequenterweise nur 33%[199], landesweit lag sie
bei 65,2%.

Und die Politiker: Wiederholen ihre Fehler. Die angedachte Reduktion von Kindergeld für Kinder von EU-Ausländern, die nicht in
Deutschland, sondern in ihrer Heimat (insbesondere Rumänien und
Bulgarien) leben, erfolgte nicht. Bewohner der Schrottimmobilien
bringen nicht immer ihre Kinder mit – ebenso die Wanderarbeiter,
die so ihre Ausbeutung durch Scheinselbständigkeit ein wenig min-
dern können (Mischkalkulation: Niedriglohn + Kindergeld). Mit
steigender Tendenz wird in Deutschland Kindergeld für über
66.000 Kinder gezahlt, die in Gegenden fern der deutschen Lebenshaltungskosten leben. Laut Handelsblatt wird der übliche Satz in
deren Heimat oft um den Faktor 10 übertroffen[200]. Man mag den

---

[199] https://www.welt.de/vermischtes/article732888/Wenn-der-Cousin-mit-
der-Cousine-schlaeft.html
[200] http://www.handelsblatt.com/politik/deutschland/keine-soziale-wohltat-
eu-urteil-regelt-kindergeld-anspruch-fuer-eu-auslaender/9884484-2.html

Kindergeldsatz von 10 Euro in Rumänien oder von 18 Euro in Bulgarien[201] für zu niedrig halten, sachlich gibt es aber keinen Grund dafür, dass Deutschland für diese Kinder ein Vielfaches zahlt nur weil ein Elternteil hier wohnt. Final sprach sich Ministerin Nahles gegen eine Anpassung an die Höhe des Kindergeldes des Wohnlandes aus, da sie das „Fairness-Prinzip, das gleiche Lebensverhältnisse in der Europäischen Union für alle Bürger vorsieht, nicht für ein paar Peanuts opfern" wolle[202]. Österreich denkt da anders. Möglicherweise hat Frau Nahles an die latenten Gefahren einer Kindergeldkürzung gedacht: Um diese Einnahmequelle nicht zu verlieren, könnten die Armutsflüchtlinge ihre Kinder nachholen womit sich die Probleme nur vergrößern würden.

Versuchen in Bayern die Eltern des Klassenbesten eine Schulbefreiung für 2 Tage vor Ferienbeginn zu beantragen um so einen günstigeren Flug buchen zu können, werden sie enttäuscht. Die Schulbefreiung werden sie nicht erhalten. Am Flughafen wird der Beamte aber die Befreiung verlangen und folglich das Kind an der Ausreise mit Verweis auf die allgemeine Schulpflicht hindern. Eine Krankmeldung ist somit ebenfalls nicht praktikabel – ohne Schulbefreiung gibt es kein Rauskommen. So ist es Bekannten des Autors passiert.

Da in NRW die Schulpflicht nicht so konsequent eingefordert wird bzw. umgesetzt werden kann[203] und gerade die Kinder der Armutsflüchtlinge unregelmäßig zur Schule gehen, ist der Aufbau einer weiteren Parallelgesellschaft vorprogrammiert: Personen, die frühzeitig gesehen haben, dass man auch leben kann ohne arbeiten zu gehen und dass Bildung nicht das Wichtigste ist, werden nicht zwingend aufsteigen wollen. Vor dem Hintergrund dieser Ausführungen ist einem Kommentar aus der Süddeutschen vom Januar 2016 zuzustimmen:

---

[201] http://www.spiegel.de/politik/ausland/so-viel-sozialhilfe-zahlen-bulgarien-und-rumaenien-eu-buergern-a-943570.html
[202] http://www.deutschlandfunk.de/eu-auslaender-in-deutschland-kinder-geld-regelung-wohl-nur.1766.de.html?dram:article_id=381311
[203] http://www.rp-online.de/nrw/staedte/duisburg/800-zuwanderer-kinder-auf-der-liste-aid-1.4067226

„Die Zuwanderung aus anderen EU-Staaten ist in Vergessenheit geraten angesichts all der Flüchtlinge. Zu Unrecht. Neben den Asylsuchenden kommen jedes Jahr Hunderttausende EU-Bürger ins Land. Auch sie sind Teil der enormen Aufgabe, die da zu stemmen ist. (...) Doch zur ganzen Wahrheit zählen auch Fehlentwicklungen, die großen Schaden anrichten können. Es ist der zunehmende Anteil von EU-Bürgern, die auf Sozialleistungen angewiesen sind, vor allem aus Bulgarien."[204]

Im besagten Kommentar vom Januar 2016 wurde die Zahl von 110.000 Bulgaren und Rumänen genannt, die Hartz-IV erhalten, im September 2017 waren es bereits 150.000 Personen aus den beiden Ländern[205].

Sicherlich, der überwiegende Teil der zugewanderten Osteuropäer sucht Arbeit und zieht in die reicheren Gegenden, in denen es statt Schrottimmobilien Arbeit gibt. Viele von ihnen sind aber ebenfalls auf Sozialleistungen angewiesen.

Das zuvor Ausgeführte gilt ähnlich auch für den Bau von Flüchtlingsunterkünften. Diese stellen eine logische Konsequenz der Aufnahme von Zuwanderern dar und sind daher ethisch-moralisch sicherlich gerechtfertigt. Es droht nichts desto trotz ein plötzlicher Wertverlust der Nachbarschaftsimmobilien. Dies kann bedauert werden als Zeichen der Diskriminierung seitens potentieller Käufer, aber letztlich ist es so und nur das zählt. Entsprechend groß ist der Protest der Alt-Bewohner, sei es in München[206], Hamburg[207] oder anderswo, beispielsweise in Paris[208].

---

[204] http://www.sueddeutsche.de/politik/einwanderung-am-existenzminimum-1.2808086

[205] Institut für Arbeitsmarkt- und Bildungsforschung: Zuwanderungsmonitor, September 2017, S. 5

[206] https://www.tz.de/muenchen/stadt/untergiesing-harlaching-ort43350/widerstand-gegen-fluechtlingswohnungen-im-nobelviertel-8000480.html

[207] http://www.faz.net/aktuell/politik/fluechtlingskrise/hamburger-viertel-blankenese-wehrt-sich-gegen-fluechtlinge-14163758.html

[208] http://www.faz.net/aktuell/politik/ausland/europa/pariser-nobelviertel-kaempft-gegen-fluechtlingsheim-14153881.html

Solange Armutsflüchtlinge faktisch die gleichen Ansprüche auf Sozialleistungen haben, scheint für den Autor die Einführung des zunehmend diskutierten bedingungslosen Grundeinkommens nicht
machbar. Hier sei auf die Stadt Wien verwiesen: Wien zahlt die sog.
„Mindestsicherung" freiwillig bis zu 14 mal statt 12 mal im Jahr und
hat mit Abstand die höchsten Zuwachsraten an Anträgen etc.[209]

---

[209] http://diepresse.com/home/innenpolitik/4984225/Mindestsicherung-
wird-in-Wien-auch-14mal-bezahlt

Kosten des Immobilienbooms

In der Schrift „Für ein anderes Europa" kritisieren Autoren um den durch sein Werk „Das Kapital im 21. Jahrhundert" bekanntgewordenen Thomas Piketty, dass die europäischen Machtstrukturen dazu führen,

„dass man die mit der Finanzstabilität und dem „Vertrauen der Märkte" zusammenhängenden Aspekte überschätzt und jene Themen unterschätzt, die für die Mehrzahl der Menschen von größerem Interessen sein dürften, zum Beispiel Arbeitsmarktpolitik, Wachstumspolitik, fiskalische Harmonisierung, sozialer Zusammenhalt, Solidarität usw."[210]

Für das Gros der jüngeren Menschen in Deutschland dürfte die Frage nach dem bezahlbaren Wohnraum – sei es zur Miete oder zum Kauf – immer zentraler werden. In den vergangenen zehn Jahren sind, dies zeigen unterschiedliche Analysen, die Mieten in den deutschen Metropolen um 45% bis 50% stärker als das verfügbare Einkommen gestiegen[211]. Das Handelsblatt warnt in diesem Zusammenhang vor der Fehlerhaftigkeit der Wohlstandsstatistiken: Denn was *„als Wohlstandsgewinn daherkommt, ist in Wahrheit nur Umverteilung. Die höheren Grundstückswerte werden registriert. Die höheren Kosten für die Mieter und Pächter jedoch nicht. So entsteht die Illusion, die Gesellschaft sei reicher geworden (…)."[212]*

Ein hilfreicher Indikator für die Beurteilung der Immobilienpreise stellt das Verhältnis von Kaufpreis zu Nettohaushaltseinkommen dar. In Hamburg musste man beispielsweise 2007 (also vor der Finanz- und Eurokrise) „nur" 4,9 Jahres-Einkommen für den Kauf ei-

---

[210] Hennette, S., Piketty, T. et. Al.: Für ein anderes Europa, München 2017, S. 10

[211] http://www.spiegel.de/wirtschaft/unternehmen/immobilien-preise-entkoppeln-sich-vom-einkommen-der-deutschen-a-1149746.html

[212] Häring, N. in Handelsblatt, 29.05.2017, S. 11

ner Immobilie verwenden, 2016 aber bereits 8,4 Jahres-Einkom-men[213], Ende 2018 angeblich bereits 11,5 Einkommen und in München Ende 2018 bereits 16,7 Einkommen[214].

Wie viele Jahresnettoeinkommen kostet eine Immobilie?

	2007	2016
Hamburg	4,9	8,4
Bremen	3,0	3,9
Hannover (Region)	3,1	4,3
Osnabrück	3,1	4,1
Münster	4,1	6,0
Düsseldorf	4,3	6,1
Köln	4,5	6,6
Berlin	4,6	8,9
Dresden	4,6	5,8
Leipzig	4,6	5,8
Frankfurt/ M.	5,6	9,0
Stuttgart	4,4	7,7
Freiburg	6,2	10,2
München	5,8	12,3
Regensburg	5,8	8,1

Abb. 34 Erforderliche Haushaltsnettoeinkommen zum Erwerb einer Immobilie nach Städten 2007 und 2016

Dieser Anstieg der Immobilienpreise ist nur teilweise auf die Euro-Krise zurückzuführen, wurde eine ähnliche Entwicklung doch auch in der Schweiz beobachtet[215] oder auch in New York. Ein beachtlicher Teil des Anstiegs dürfte auf die stärkere Nachfrage zurückzuführen sein als Folge der Landflucht sowie in den Metropolen wie München durch die Suche nach einem sicheren Hafen für Fluchtgelder[216]. Die Existenz der Lagarde-Liste[217], die rund 2.000 nicht deklarierte Konten griechischer Millionäre bei der Genfer Filiale der HSBC-Bank enthielt, machte vielen Griechen deutlich, dass eine

---

[213] Handelsblatt, 30.06.17, S. 40
[214] Handelsblatt, 23.06.19, S. 47
[215] https://www.comparis.ch/immobilien/preisentwicklung
[216] http://www.spiegel.de/wirtschaft/unternehmen/euro-krise-griechen-und-spanier-kaufen-deutsche-immobilien-a-873345.html
[217] https://de.wikipedia.org/wiki/Lagarde-Liste

Streuung ihres Vermögens den besten Schutz vor dem Zugriff des Staates sein dürfte. Parallel hierzu wurde in Italien die Jagd auf Schwarzgeld-Millionäre massiv verstärkt: Strengere Gesetze, nach denen mit Bargeld nur noch kleinere Beträge bezahlt werden durften, erfolgte eine Rasterfahndung, die symbolträchtig im Nobel-Ski-ort Cortina d´Ampezzo ihren medialen Höhepunkt fand[218]. Halter von teuren Fahrzeugen wurden ebenso wie Kunden teurer Boutiquen erfasst und das Gesehene (z.B. Ferrari) mit den Steuererklärungen abgeglichen[219]. Der Wert von unversteuertem Bargeld sank somit in Italien gravierend, es musste ein neuer Verwendungszweck her, beispielsweise der Kauf einer Immobilie in München. Denn in Deutschland können Immobilien unverändert ganz legal mit Bargeld erworben werden[220]. Millionäre aus anderen Staaten (z.B. China oder Russland[221]) mit durchaus legal erworbenen und versteuerten Vermögen wurden sich schließlich der Rechtsunsicherheit in ihrem Heimatland bewusst. Was passiert, wenn Ihnen morgen etwas vorgeworfen wird, was sie gar nicht getan haben, aber doch dafür bestraft werden? Ihr Vermögen würde dann eingezogen.

Die deutschen Metropolen merken zudem, dass die heutigen Reichen mobiler als die früheren waren und daher eher noch eine Zweitwohnung mit Concierge-Service besitzen wollen als dies der Wunsch ihrer Eltern war. M.W. im Auslandsjournal war einmal ein Beitrag über den Immobilienmarkt New York zu sehen. Der Luxusmakler sagte sinngemäß, dass er bis vor 10 Jahren nur reiche New Yorker oder Amerikaner als Kunden hatte, nun aber Reiche aus vielen Ländern. Auf Deutschland übertragen trägt diese Erläuterung mit dazu bei zu verstehen, warum in München Wohnungen in keinesfalls schönen Neubauten und eher in B- als in A-Lage für fast

---

[218] Um unsere damals kleinere Tochter zu beschäftigen, baten wir diese bei einem winterlichen Ausflug nach Cortina d´Ampezzo die Pelzmäntel zu zählen, die sie sah. Binnen eines Nachmittags kam sie auf 60 Stück.
[219] https://www.welt.de/wirtschaft/article13811287/Tausende-reiche-Italiener-rechnen-sich-arm.html
[220] https://www.zeit.de/2012/37/Berlin-Makler-Wohnungsmarkt/seite-2
[221] https://www.focus.de/immobilien/kaufen/immobilien-reiche-russen-kaufen-massenhaft-deutsche-wohnungen_id_8233091.html

20.000 €/ qm verkauft werden können. Ein 15 qm großes Kinderzimmer kostet folglich 300.000 € - so viel wie noch vor einigen Jahren ein schönes Haus samt größerem Garten in der deutschen Provinz gekostet hat. Zu bedenken ist hierbei, dass die reichen Käufer selten eine 70 qm-Wohnung erwerben, sondern eher 150 bis 200 qm und mehr. D.h. ein reicher Käufer, der gar nicht in München arbeiten wird, verdrängt mindestens zwei Familien, die in München arbeiten. Ich selber kenne einen 70 jährigen Ex-Unternehmer von der schwäbischen Alb, der zusammen mit seiner Frau 250 qm zum qm-Preis von 14.000 € erwarb um seinen Lebensabend mit Münchner Kultur und Flair anstelle des vorher provinziellen Ambiente zu verbringen – dies gilt nur für den Sommer. Im Winter hält sich das Ehepaar in Südafrika auf und die Wohnung steht leer. In der Schweiz gibt es hierfür den Ausdruck der „kalten Betten". Und selbst wenn der Ex-Unternehmer seine Wohnung nutzt, nutzt er mehr qm als ein Normalverdiener. D.h. er bewohnt zu zweit die Fläche, die normalerweise 10 Personen bewohnen. Auch dies führt zur Wohnraum-Verknappung. Dieser Trend – größere Wohnung bei weniger Bewohnern – wurde vom Statistischen Bundesamt festgestellt[222].

Um Missverständnisse zu vermeiden: Die neuen Luxuswohnungen entstehen auch dort, wo früher Normal oder Besser-Verdiener gewohnt haben oder einfach nur gearbeitet wurde und dürften beispielsweise in München einigen 10.000 Menschen den Wohnraum geraubt haben – zumindest unter Opportunitätsgesichtspunkten. Ähnliches dürfte auch für Berlin oder Hamburg gelten. In der Londoner City sollen übrigens rund 30% des Wohnraums aus „kalten" Betten bestehen. Inwieweit die Zahl stimmt, kann ich nicht beurteilen. Hier stellt sich die Frage, ob die Behörden keine Beschlagnahmungen vornehmen können. In seinem Buch „Wir können nicht allen helfen" hat der Tübinger Bürgermeister (und Autor des genannten Buches), Boris Palmer, erläutert, dass er auf dem Höhepunkt der Flüchtlingskrise leerstehende Häuser mit dem Argument des

---

[222] https://www.tagesschau.de/inland/wohnungen-deutschland-statistik-101.html

Notstandes beschlagnahmen wollte. Ein derartige (Wohnungs-) Notstand besteht derzeit in zahlreichen Städten.

Neben den „Reichen" zogen viele ausländische Normalbürger in die deutschen (Groß-) Städte. Die Wanderungsbewegungen hin nach München sind sicherlich nicht repräsentativ, da München auch im Bereich der Migration die anderen Städte – wohl mit Ausnahme Berlins – toppen dürfte. Die Süddeutsche Zeitung[223] listet die Wanderungsbewegungen im Zeitraum 2000-16 auf. Die Hälfte der Zugezogenen aus den Top 10-Ländern haben zwar München wieder verlassen, die Verbliebenen haben aber die Bevölkerungszahl um deutlich über 10% erhöht. Anders als bei vielen anderen Zuwanderern ist ein Großteil der Neu-Münchner hoch qualifiziert und findet auch einen Arbeitsplatz, bei dem Englisch als Unternehmenssprache akzeptiert wird. Es handelt sich nicht um Armutsflüchtlinge, sondern einfach nur um potente, sehr potente Mieter.

aus ...	nach München	aus München ...	nach
Polen	70.160	Polen	35.755
Rumänien	48.250	USA	23.091
Italien	37.497	Österreich	22.289
Kroatien	32.757	Kroatien	20.096
Bulgarien	30.539	Italien	20.032
Österreich	29.032	Rumänien	19.580
Ungarn	28.866	Schweiz	15.308
USA	27.723	Großbritannien	13.827
Griechenland	25.676	Frankreich	12.525
Frankreich	20.400	Griechenland	11.998
Σ	350.900		194.501
Δ	156.399		

Abb. 35 Migration aus bzw. nach München nach Ländern 2000-16

---

[223] Vgl. Süddeutsche Zeitung, 20.01.2018, Lokalteil München, R 2

Aber auch ohne diesen Globalisierungseffekt i.w.S., der erstmals 2008 beschrieben wurde[224] und als Folge der offenen Grenzen sub-summiert werden kann, kam es auch auf dem Land bzw. in Städten, die international nicht bekannt sind, zu teilweise deutlichen Preiserhöhungen. Somit gibt es weitere Gründe für diese Entwicklung. Der Hauptgrund ist allgemein bekannt: Die niedrigen Zinsen als Folge der Euro-Krise.

Preisanstiege als Folge der Landflucht sind für unsere Analyse ohne Belang – sie haben nichts mit dem Euro oder der EU zu tun. Für die niedrigen Zinsen und den Anlagenotstand gilt dies nicht. Und eines scheint sicher: Die als Folge der günstigeren Wechselkurse höhere Unternehmensgewinne führten zu erheblicher freier Liquidität bei den Unternehmensbesitzern. Diese wurde verstärkt in Immobilien investiert zumal der Mittelstand tendenziell zu wenig investiert[225].

Die Folge für den Bürger: Ein beachtlicher Teil der fast bundesweit stark gestiegenen Mieten ist letztlich auf die niedrigen Zinsen zu-rückzuführen. Statistisch erwiesen ist, dass ein Hamburger Haus-halt heute sechs Prozentpunkte mehr für die Miete ausgeben muss als 10 Jahre zuvor[226]:

[224] http://www.spiegel.de/wirtschaft/edel-immobilien-millionaere-zieht-es-nach-muenchen-a-570624.html
[225] https://www.faz.net/aktuell/wirtschaft/trotz-boom-warum-deutsche-un-ternehmen-wenig-investieren-15285196.html
[226] Handelsblatt, 21.06.19, S. 46

	Anteil von <u>Mieten</u> am Haushaltsnettoeinkommen	
	2008	**2018**
Hamburg	29%	34%
Augsburg	27%	37%
Bremen	26%	28%
Bielefeld	22%	21%
Dortmund	28%	29%
Erfurt	26%	30%
Karlsruhe	25%	30%
Halle (Saale)	27%	29%
Düsseldorf	26%	29%
Köln	29%	32%
Berlin	30%	44%
Dresden	28%	35%
Leipzig	25%	40%
Frankfurt/ M.	36%	43%
Stuttgart	27%	35%
München	32%	44%
⌀	**28%**	**34%**

Abb. 36 Anteil Mietaufwand am Haushaltsnettoeinkommen in % 2008 und 2018

Wieviel von den erwähnten sechs Prozentpunkten auf die Land-flucht oder auf den Wunsch nach Zweitwohnsitzen zurückzuführen ist (beide Faktoren spielen für unsere Betrachtung keine Rolle) ist schwer zu sagen. Im Durchschnitt stieg der Anteil der Mieten am Nettohaushaltseinkommen um drei Prozentpunkte. Ein Anstieg, der insbesondere auf die Euro-Krise und die niedrigen Zinsen zurück-zuführen ist. Vom Gesamtanstieg werden hier nur 2/3 bzw. 4 Pro-zentpunkte berücksichtigt. Das Statische Jahrbuch 2018[227] nannte als Haushaltsnettoeinkommen für 2016 (neuere Daten liegen noch nicht vor) 3.314 €. Bei einem unterstellten Haushaltsnettoeinkom-men von geschätzt 3.500 € in 2018 (jährlich nimmt das Einkommen um etwa 100 € zu) entsprachen diese vier Prozentpunkte immerhin

---

[227] Statistisches Bundesamt, Statistisches Jahrbuch 2018, S. 178

140 Euro/ Monat bzw. 1.678 €/ Jahr. Für die persönliche Betrachtung sollte die eigene Wohnungsgröße beachtet werden.

Wenn der „typische" Vermieter nun 1.678 €/ Jahr mehr erhält, entspricht dies bei einem Mietwohnungsbestand (also keine Eigentumswohnungen) von etwa 20 Mio. Einheiten[228] einem Jahreswert von beachtlichen 33,6 Mrd. Euro, die nun zusätzlich an die Besitzer der Wohnungen fließen. Gewiss sind viele Vermieter nicht als sehr reich zu bezeichnen, aber doch als wohlhabend.

Ein Nebeneffekt der höheren Mietaufwendungen, der nicht quantifiziert werden kann: Wer mehr Miete zahlt, kann weniger sparen. Der Traum vom Eigenheim wird gerade für jüngere Paare gleich von zwei Seiten bedroht: Den höheren Immobilienpreisen an sich und der geringeren Möglichkeit überhaupt ein Mindestmaß an Eigenkapital anzusparen. Das Geld geht einfach für die heutige Miete drauf. Der gewünschte Immobilienkauf erweist sich als Illusion.

Exkurs: Wie der Immobilienboom die Lebensqualität beeinträchtigt
Die hohen Immobilienkosten bzw. Mieten reduzieren die Lebensqualität nicht nur monetär, z.B. wenn der Traum vom Eigenheim nicht realisiert werden kann oder die Miete so hoch ist, dass am Urlaub gespart werden muß, sondern auch nicht-monetär. Laut einem im Handelsblatt zitierten Immobilienentwickler ist die durchschnittliche Größe einer 4-Zimmerwohnung im vergangenen Jahrzehnt um 20 qm geschrumpft. Der Grund ist simpel: Die Wohnungen wären ansonsten gar nicht mehr bezahlbar. Ein Kinderzimmer hat heute daher nur noch Platz für Bett, Schreibtisch und ein wenig Freiraum. Dass ein Kind, so wie unserer Sohn, eifrig in seinem Zimmer mit einem Softball kicken kann, erscheint heute kaum noch möglich. Und: Wer eine Wohnung hat, behält diese auch wenn er unzufrieden ist. Denn jeder Umzug bedingt einen neuen Mietvertrag, der in der Regel deutlich teurer als der alte Vertrag sein dürfte.

---

[228] https://www.destatis.de/DE/PresseService/Presse/Pressemitteilungen/2016/12/PD16_473_122.html;jsessionid=DBE55B59C23F8E60839C58EAC2D38193.InternetLive1

Aus diesem Grund, so das Handelsblatt[229], ist die Anzahl der Umzüge trotz größerer Mobilität bei der Berufswahl in den größten deutschen Städten und trotz Bevölkerungswachstum rückläufig:

	2000	2005	2010	2016
Frankfurt	27.000	32.000	32.000	29.000
Köln	64.000	69.000	63.000	51.000
München	61.000	71.000	75.000	60.000
Berlin	410.000	367.000	319.000	294.000

Abb. 37 Anzahl der Umzüge 2000 bis 2016 in wichtigen Städten

Die gleiche Quelle wies darauf hin, dass sich Alt-Mieterverträge von 2004-18 um 9,7%, Neuverträge aber um 21,3% verteuert haben. (Die genannten Werte erscheinen mir aber sehr niedrig.)

---

[229] H.C. Müller: Umzug vertagt, in Handelsblatt 14.5.2018, S. 24/ 25

Die Berücksichtigung dieses Themas mag überraschen und vielleicht sogar an „den Haaren herangezogen" wirken, erscheint dem Verfasser aber schlüssig. Es geht hier – wie auch bei der Kriminalität – primär um die verminderte Lebensqualität als Kollateralschaden der offenen Grenzen.

Aufmerksam wurde ich durch ein in Bayern angestrebtes Volksbegehren gegen den Flächenfraß. In Bayern wird jedes Jahr eine Fläche in der Größe des Ammersees neu zugebaut[230]. Gegen diesen enormen Flächenverbrauch regte sich Widerstand und über diesen habe ich mich mit einem Freund, einen in München tätigen EU-Beamten unterhalten. Dieser meinte, der Flächenverbrauch ginge primär auf die Logistikzentren zurück, die gebaut würden weil alles hin und hergefahren wird. Und in der Tat, während vor einigen Jahren die Firmen stolz verkündeten ihre Lagerbestände mittels Just-in-Time-Lieferungen deutlich reduziert zu haben, sprießen große Lagerhallen entlang der Autobahnen schier aus dem Boden. Der Langfristvergleich bestätigt diesen Eindruck[231]:

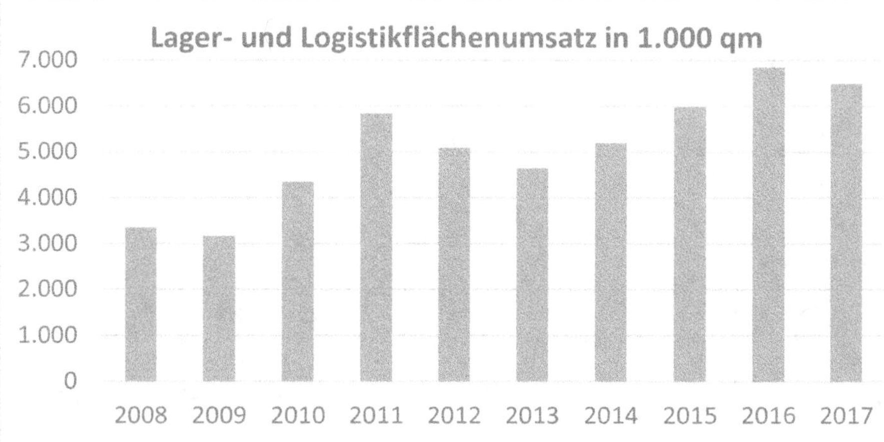

Abb. 38 Lager- und Logistikflächenumsatz in 1.000 qm

---

[230] http://www.sueddeutsche.de/bayern/landesentwicklung-csu-ist-fuer-den-flaechenfrass-und-dagegen-1.3740508
[231] https://de.statista.com/statistik/daten/studie/250959/umfrage/flaechen-umsatz-von-lager-und-logistikimmobilien-in-deutschland/

Sicherlich hat das Internet zu dieser Entwicklung beigetragen. Der Trend aber wäre auch so stark wachsend. Die gleiche Quelle nennt für den Beginn des Jahrtausends jährliche Umschläge von lediglich 2 Mioqm – nun sind es 6,5 Mioqm. Das Wirtschaftsvolumen hat sich aber nicht ansatzweise verdreifacht.

Der massive Ausbau der Logistik-Center dürfte somit sowohl eine Folge des zunehmenden Internethandels und noch mehr der verstärkten Importe und Exporte und somit der offenen Grenzen sein. Eine Alternative ist gleichwohl kaum denkbar.

Exkurs: Regenwaldzerstörung und Versiegelung

Zum Zeitpunkt als ich diesen Absatz schreibe, brennt der Regenwald und die deutsche Öffentlichkeit empört sich zu recht. Dass in Deutschland aber jeden Tag rund 100 ha[232] versiegelt werden, ist unverändert kein Thema. Gemeinden genehmigen in Zeiten der Vollbeschäftigung Logistik-Centren, die wenig Arbeitsplätze bieten, nur den zusätzlichen Steuereinnahmen wegen. Von Brasilien erwarten wir aber die Sicherung des Regenwaldes. Konsequent scheint mir dies nicht zu sein.

Als die Schweiz fürchtete von Nazi-Deutschland ausgehungert zu werden, beschloss sie die „Anbauschlacht"[233]. Freie Flächen incl. städtische Parks wurden genutzt um Nutzpflanzen anzubauen. Nun sind wir vom Klimawandel bedroht und erlauben nicht nur unverändert Logistik-Center, sondern zusätzlich auch noch – aus Kostengründen – pechschwarze Flachdächer, so dass die Sonnenstrahlen nicht reflektiert werden. Hier könnte man zumindest auf weiße Flachdächern bestehen. In Los Angeles werden versuchsweise sogar Straßen geweißelt[234].

---

[232] https://www.umweltbundesamt.de/daten/flaeche-boden-land-oekosysteme/flaeche/siedlungs-verkehrsflaeche#textpart-1
[233] https://hls-dhs-dss.ch/de/articles/013783/2010-05-21/
[234] https://www.sueddeutsche.de/wissen/umweltschutz-mit-weisser-farbe-gegen-die-hitze-der-stadt-1.3937107

Eventualverbindlichkeiten

Werden Vermögen und Verbindlichkeiten eines Unternehmens oder aber auch eines Staates bilanziert, stellt sich die Frage, wie Bürgschaften oder Garantien und andere Verbindlichkeiten, deren Eintrittswahrscheinlichkeit bei unter 50% gesehen wird, behandelt werden. Für Unternehmen schreibt der Gesetzgeber vor, dass derartige mögliche, höchstwahrscheinlich aber nicht eintretende Verbindlichkeiten „unter" der Bilanz als Eventualverbindlichkeit[235] dargestellt werden.

Nun ist der Staat kein Unternehmen und bilanziert auch nicht, ansonsten hätten wir längst Insolvenz anmelden müssen. Denn wie eine 2010 erstellte Studie der Hans-Böckler-Stiftung ergab, müßte der Staat, wenn er seine Pensionsverpflichtungen so zurückstellen würde, wie es Unternehmen tun müssen, für den Zeitraum bis 2050 rund 970 Mrd.€ zurückstellen[236]. Diese eigentlich tatsächlich schon bestehenden Schulden (letztlich ist es egal, ob der Staat im Jahr 2040 eine Anleihe zurückzahlen muss, die er unter „Staatsverschuldung" berücksichtigt oder eine Beamtenpension, die er heute nicht berücksichtigt) gehen in keine Rechnung ein. Das statistische Bundesamt nennt als Schuldenstand der öffentlichen Haushalt für 2018 1.927 Mrd€[237]. Dies zur Einführung in die Thematik. Grundsätzlich haben Beamtenpensionen nichts mit der Zielsetzung des Buches, die Kosten der EU und der offenen Grenzen darzustellen, zu tun. Von Interesse sind hingegen nachfolgend aufgeführte Punkte.

---

[235] https://de.wikipedia.org/wiki/Eventualverbindlichkeit
[236] http://www.wiwo.de/politik/deutschland/staatsdiener-beamtenpensionen-sprengen-die-haushalte/5230084.html
[237] https://www.destatis.de/DE/ZahlenFakten/GesellschaftStaat/Oeffentliche-FinanzenSteuern/OeffentlicheFinanzen/Schulden/Tabellen/SchuldenNichtOeffentlich_Insgesamt.html

Nicht gedeckte Grundversorgung der Zuwanderer heute und im Alter

In Deutschland muss niemand verhungern. Auch Personen, die nie in die deutschen Sozialsysteme eingezahlt haben, wird geholfen. Zu diesen Personen zählen Flüchtlinge oder besser Migranten und andere Zuwanderer. Im Idealfall muss nur in zeitlicher Nähe zur Zuwanderung geholfen werden, da der Ankömmling früher oder später auf eigenen Füßen stehen sollte. Gelingt dies nicht, haben beide Seiten (Zuwanderer und der Staat) mit großer Wahrscheinlich etwas falsch gemacht. Ein echtes, in der Konsequenz kaum bekanntes Problem ist aber, dass Zuwanderer häufig nur unterdurchschnittliche bis durchschnittliche Berufe ergreifen (können) und damit auch nur unterdurchschnittliche Rentenbeiträge einzahlen können. Dies stellt die erste ungünstige Voraussetzung für eine angemessene Rente dar. Die zweite ungünstige Prämisse besteht in ihrem späteren Arbeitseintritt. Wer mit Mitte oder Ende zwanzig nach Deutschland kommt und dann noch einige Jahre Sprachschule und Berufsschule besucht, kann erst mit Anfang 30 anfangen zu arbeiten und in die Rentenkassen einzuzahlen. Die Folge wird eine zu niedrige Rente im Alter sein, so dass der Staat mittels Zusatzzahlungen die Grundversorgung sicherstellen muss.

Die Stiftung Soziale Marktwirtschaft, zu deren Kuratoriums-Mitglieder der „Renten-Papst" Prof. Raffelhüschen zählt (für Leser mit schlechtem Namensgedächtnis – er ähnelt optisch ein wenig Thomas Gottschalk) folgert in ihrem optimistischen Basis-Szenario:

„Zu beachten ist, dass die fiskalischen Lasten in erster Linie nicht aus den kurzfristigen Sonderkosten für Unterbringung und Versorgung der Flüchtlinge sowie für organisatorisch-administrative Belange resultieren, sondern aus den zu erwartenden langfristigen Folgewir-

kungen in den Sozialsystemen sowie im Steuersystem. Heruntergebrochen auf 1 Mio. zusätzliche Flüchtlinge ergibt sich eine dauerhafte fiskalische Belastung von jährlich rund 6,3 Mrd. Euro."[238]

Der Wert von 6,3 Mrd. Euro (= 6.300 € je Flüchtling) jährlich gilt für die gesamte Lebensdauer. Diese Kosten dürften da auch in der Zukunft anfallen und stellen daher i.e.S. keine Eventualverbindlichkeiten mehr dar. Dennoch werden Sie hier aufgeführt, um das Ganze nicht als zu abstrakt erscheinen zu lassen und nicht in zu starkem Widerspruch zu denen zu treten, die von einer erfolgreichen Integration – auch auf dem Arbeitsmarkt – ausgehen.

Im Szenario „deutlich langsamere Arbeitsmarktintegration" errechnet die Stiftung jährliche Kosten von 22 Mrd. Euro und im Szenario bei scheitender Integration der zweiten Generation (vgl. bisherige Erfahrungen in Teilen des Ruhrgebiets, Bremens oder Berlins) gar auf 30 Mrd. Euro[239]. Wichtig erscheint der Hinweis, dass diese Überlegungen sowohl für die Flüchtlinge wie für minderqualifizierte Zuwanderer aus Osteuropa gelten. Die entsprechende Analyse der Stiftung soziale Marktwirtschaft trägt den Titel: *Die fiskalischen Auswirkungen ungesteuerter Zuwanderung."*

Ob die Kosten nun wirklich über eine Billion oder „nur" bei einigen Hundert Milliarden Euro liegen werden, ist egal. Wichtig ist die Erkenntnis, dass keine Netto-Zuflüsse zu erwarten sind und somit die damalige Aussage der „Rentensicherung" falsch ist.

---

[238] http://www.stiftung-marktwirtschaft.de/uploads/tx_ttproducts/datasheet/Kurzinformaton_Migration_2016.pdf
[239] http://www.stiftung-marktwirtschaft.de/uploads/tx_ttproducts/datasheet/Kurzinformation_Migration_2016.pdf

2012 schreckte der damalige Präsident des ifo Instituts für Wirtschaftsforschung an der LMU München, Prof. Hans-Werner Sinn die wirtschaftlich-interessierte Öffentlichkeit mit seinem Buch „Die Target-Falle" auf. Bei den Target-Salden handelt es sich quasi um *„Überziehungskredite im Euro-Raum, die sich einige Notenbanken bei anderen, allen voran der Bundesbank, besorgen können."*[240] Bis zum Sommer 2007 waren die Salden weitgehend ausgeglichen (vgl. Grafik). Seitdem stiegen sie, nicht kontinuierlich, an. Für Juli 2019 meldete die Bundesbank Forderungen ihres Hauses gegenüber anderen Euro-Zentralbanken in Höhe von 870,9 Mrd. €[241]. Zur Werthaltigkeit dieser Salden schrieb Sinn:

„Getilgt werden die Target-Kredit nur dann, wenn Deutsche wieder neue Kredite ins Euro-Ausland vergeben oder Anlageobjekte und Güter dort kaufen. Tun sie das nicht, weil sie Angst haben, dass die Kredite nicht bedient werden oder die Güter und Anlageobjekte zu teuer sind, bleiben die Forderungen notfalls ewig in der Bilanz stehen und erodieren mit der Inflation."[242]

Die Grafik der Bundesbank[243] zeigt, wie die Salden mit der Finanzkrise zunahmen und somit auch für Laien verständlich mit dieser zusammenhängen.

---

[240] Sinn, H.W. im Interview „Merkel leidet unter Realitätsverlust", in Handelsblatt, 20.12.2017, S. 5

[241] https://www.bundesbank.de/de/aufgaben/unbarer-zahlungsverkehr/target2/target2-saldo/target2-saldo-603478

[242] Sinn, H.W.: Die Target-Falle, München 2012, S. 264

[243] https://www.bundesbank.de/Navigation/DE/Statistiken/Zeitreihen_Datenbanken/Makrooekonomische_Zeitreihen/its_details_charts_node.html?https=1&https=1&https=1&tsId=BBFI1.M.N.DE.4F.S121.S1.LE.A.FA.O.F2_T2.S_T.N.N

Abb. 39 Entwicklung Target 2-Salden 2006-17

Unterstellt man nachhaltige Forderungen von 850 Mrd€, die bei einem Auseinanderbrechen der Eurozone kaum werthaltig wären, ergibt sich je Bürger eine Eventualverbindlichkeit von hohen 10.000 €.

Ein (Teil-) Verlust wäre auch bei einem Austritt Deutschlands aus dem Euro zu erwarten, da die neue deutsche Währung aufwerten würde. Zudem könnte Deutschland ein Rechtsbruch durch die Target-Schuldner unterstellt werden, so dass sie einen Grund zur Nichtzahlung hätten.[244]

---

[244] https://www.prognos.com/uploads/tx_atwpubdb/130429_Prognos_Bertelsmann_Studie_Vorteile_Deutschlands_Waehrungsunion.pdf , S. 14

Exkurs: Anfrage an die EU-Wettbewerbskommission

Als die Target2-Diskussion im Jahr 2012 aufkam und mir bewußt wurde, dass deutsche Unternehmen nur deshalb in die Südländer exportieren können, weil dies durch die Bundesbank finanziert wird, habe ich eine Beschwerde wegen unerlaubter Wettbewerbshilfe bei der EU-Wettbewerbskommission eingereicht. Nach einigen Wochen erhielt ich am 31. Juli 2012 tatsächlich eine Antwort, die – zu meinem Erstaunen – auch (durch Googeln festgestellt) an diverse hochrangige EU-Beamte in cc ging:

„Inhaltlich möchten wir dazu wie folgt Stellung nehmen: Punkt § 51 der sog. Bankenmitteilung (veröffentlicht im Amtsblatt der Europäischen Union am 25.10.2008 – C 270/8) befasst sich mit Liquiditätshilfen, für die öffentliche Mittel, einschließlich Zentralbankmittel, bereitgestellt werden. Dort wird ausgeführt, dass in Fällen, in denen ein Mitgliedstaat oder eine Zentralbank nicht mit selektiven Maßnahmen zugunsten einzelner Banken, sondern mit allgemeinen, allen vergleichbaren Marktteilnehmern offenstehenden Maßnahmen auf eine Bankenkrise reagiert, diese allgemeinen Maßnahmen oft nicht unter das Beihilferecht fallen und nicht bei der Kommission angemeldet werden müssen. So vertritt die Kommission insbesondere die Auffassung, dass geldpolitische Maßnahmen der Zentralbanken wie Offenmarktgeschäfte und ständige Fazilitäten nicht unter die Beihilfevorschriften der Gemeinschaft fallen. Unter beihilferechtlichen Gesichtspunkten ist das von Ihnen geschilderte Vorgehen der Deutschen Bundesbank daher nicht zu beanstanden. Zu Ihrer weiteren Information habe ich Ihnen den Text der Bankenmitteilung beigefügt.“

Meine Interpretation: Die zuständigen EU-Beamten haben relativ zeitnah zu Beginn der Finanzkrise alles durchgespielt und die Gesetze entsprechend geändert. Vielleicht aber hatte die Bundesbank „Alarm geschlagen“, begannen doch plötzlich ihre Salden zu explodieren (siehe Grafik). Auf jeden Fall kann man den zuständigen Beamten sowohl in 2008 (Gesetzesänderung) wie auch 2012 (Beantwortung meiner Frage) ein hohes Maß an Professionalität attestieren. Beruhigend im Hinblick auf eine mögliche kommende Krise.

Sowohl die Beschwerde wie der Gesetzestext sind als Anlage dem Buch angefügt.

Sollte die Pro-EU-Stimmung in Deutschland völlig kippen und analog Großbritanniens ein Exit gewünscht werden, erhielte vermutlich auch Deutschland eine Rechnung seitens der EU, so wie auch London eine Rechnung erhielt. Diese schwankt derzeit zwischen 60 und 100 Mrd€. Da Deutschland mehr Einwohner hat, wäre die Rechnung vermutlich entsprechend höher. Bei einer Rechnung über 120 Mrd€ entspräche dies 1.500 € je Einwohner Deutschlands.

Schwerwiegender wären sicherlich die Auswirkungen eines zu erwartenden Schocks, sollte Deutschland die EU oder den Euro verlassen. Gerade ein Euro-Austritt würde die Export-Wirtschaft schwer treffen. Zugleich würde die Kapitaldienstfähigkeit gerade der Südländer als Folge des allgemeinen Schocks und des zu erwartenden Einbruch des „Rest-Euros" stark gefährdet. Ein Euro ohne Deutschland würde im Vergleich zu anderen Währungen sicherlich stark abwerten, so dass sich die Importe plötzlich verteuern würde. Inflation wäre die Folge. Verbindlichkeiten (z.B. Staatsanleihen) in anderen Währungen (z.B. US-Dollar) wären in lokaler Kaufkraft bedeutend höher als zuvor. All diese Aspekte würden Deutschland belasten – und sei es nur im Bereich der Wettbewerbsfähigkeit. Eine in Italien hergestellte Maschine könnte binnen kurzer Zeit wesentlich günstiger als das bisherig gleichteure deutsche Modell sein.

Die Targe2-Forderungen Deutschland in Höhe von rund 900 Mrd€ wären schließlich zum (Groß-) Teil uneinbringlich.

Es gibt keinen Free-Lunch

Während der bewußten Phase der Finanzkrise war die Redewendung des Free-Lunch[245] populär. Daher stellt sich die Frage, ob der gegenwärtige Boom noch andere Nachteile als die beschriebene Umverteilung haben könnte? Die Wirtschaftswoche meint ganz klar ja:

„Tatsächlich ist der epische Boom in Deutschland hochgefährlich. Die künstlich nach unten gedrückten Zinsen verzerren die Produktionsstruktur und pumpen Preisblasen an den Vermögensmärkten auf. Sie treiben die Menschen in die Verschuldung und die Regierung in den interventionistischen Übermut."[246]

Der Artikel fährt mit einem Zitat von Stefan Kooths, Leiter Konjunktur am Kieler Institut für Weltwirtschaft fort:

„Der Boom mag sich gut anfühlen, doch er legt die Saat für die nächste Krise.[247]"

Verwiesen wird auch auf die Immobilienblase. Die Bundesbank hält Immobilien in großen Städten um 15 bis 30 Prozent für überbewertet.

Die „Mutter aller Banken", die Bank für Internationalen Zahlungsausgleich (BIZ), warnte 2006 eindringlich vor der damals noch nicht sichtbaren Finanzkrise des Jahres 2007. Nun warnt sie vor der nächsten großen Krise als deren Grund sie die seit Jahren praktizierte Schwemme des billigen Geldes (Nullzins-Politik) sieht:

„Der Preis für kurzfristige Ruhe sind mögliche Turbulenzen auf lange Sicht", so Claudio Borio, der Chef der BIZ[248].

Auffallend ist, dass seit Jahren die Nettovermögen der privaten Haushalte stärker steigen als das nominale Bruttoinlandsprodukt

---

[245] Vgl. http://www.zeit.de/2011/33/Krisenpsychologie
[246] Fischer, M. et al.: Auf Crashkurs, in Wirtschaftswoche 02.06.2017, S. 22
[247] Ebd.
[248] Balzil, B.: Das Orakel von Basel nervt wieder – zum Glück, in Wirtschaftswoche 15.12.2017, S. 3

steigt. *„Eine Entwicklung, die in der Vergangenheit regelmäßig zu Einbrüchen der Vermögenspreisen und schweren Krisen geführt hat."*[249]

---

[249] Fischer, M.: Hört endlich auf, die Inflation zu steuern! in Wirtschaftswoche, 15.12.2017, S. 17

„Ramschpapier"-Akzeptanz durch die EZB

In der Wirtschaftswoche erschien im Juni 2017 ein vielsagender und mit „Wie ein Müllschlucker" überschriebener Artikel[250]. Die EZB, also die europäische Zentralbank, verleiht Geld gegen die Hinterlegung von Sicherheiten, die eigentlich häufig keine sind. Die Anforderungen an die Sicherheiten wurden im Laufe der Zeit sogar immer weiter reduziert umso die Banken liquide zu halten. Denn bekämen sie nur bei Hinterlegung von harten Sicherheiten Geld, könnten sie sich keines ausborgen und wären faktisch pleite. Denn wie an anderer Stelle aufgeführt, haben viele Banken Darlehen in ihren Bilanzen, die nicht mehr einbringlich sind. Wenn ein Sparer, der seinerseits der Bank Geld geliehen hat, dieses zurückhaben möchte, muss die Bank aber zahlen. Auch dann, wenn ihre Schuldner nichts mehr an sie zahlen. Diese Lücke füllt die EZB. Ein altes Sprichwort gilt somit nicht mehr:

„Dem Bankier gegeben sei folgender Rat, kein Geld leih' dem, der's nötig hat."

(Ogden Nash)

Die Wirtschaftswoche nennt als Beispiel für die Fragwürdigkeit der hinterlegten Sicherheiten Anleihen, die von der spanischen Banco Popular emittiert wurden. Diese Bank war bei der Erstellung des Artikels gerade für 1 Euro verkauft worden – hatte also keinen Wert mehr. Auf die Nase gefallen ist die EZB, wie Draghi im Dezember 2017 zugab, bereits mit ihrem Kauf von Anleihen des Möbelkonzerns Steinhoff. Hier ging es um einige Hundert Millionen Euro[251].

Für Deutschland problematisch wird es, wenn die Schuldner der EZB ihre Schulden nicht bezahlen können. Dann müssten die Sicherheiten verwertet werden, die aber keinen Wert haben. Die

---

[250] Vgl. Wirtschaftswoche, 16.06.2016, S. 38-
[251] http://www.spiegel.de/wirtschaft/unternehmen/ezb-raeumt-verlustgeschaeft-mit-steinhoff-anleihen-ein-a-1183383.html

dann entstehenden Verluste der EZB würden entsprechend der Gesellschafteranteile verteilt. Die Deutsche Bundesbankhält 25,6% des EZB-Kapitals wurde müsste vom Gesamtvolumen der Verluste diesen Wert tragen. Auf Grund einer besonderen Regelung müssten Anteilseigner aber „nur" 20% der aus den Anleiheverkäufen resultierenden Verluste tragen. Für die Bundesbank kämen so aber noch immer 196 Mrd. Euro zusammen. Wenn diese Summe direkt an den Steuerzahler weitergereicht würde, hätte jeder Bundesbürger etwa 2.400 Euro zu tragen.

In einem Handelsblatt-Interview ging Peter Gauweiler gewohnt hart mit der EZB ins Gericht: „*... das Draghi und die EZB mit ihrer Politikanmaßung, die das Bundesverfassungsgericht – weil am Parlament vorbei – für verfassungswidrig hält und deshalb dem EuGH vorgelegt hat, sofort aufhören*" (sollten). *Hat die Bundesregierung eine Schutzfunktion gegen die Sturmfluten dieser Erde, oder veranstalten wir einen Wettbewerb im Wellenreiten? Im Letzterem ist die neue Mutter Teresa (d.h. Merkel, d. Verf.) eine Weltmeisterin.*"[252]

---

[252] Gauweiler, P: Im Interview im Handelsblatt, 20.12.2017, S. 6

Unter Opportunitätskosten werden die Aufwendungen verstanden, die dadurch entstehen, dass durch das Tun etwas Anderes unterlassen wird. Wer am Wochenende arbeitet, mag zwar Geld verdienen, kann sich aber nicht an seiner Familie erfreuen. Die entgangene Freude stellt die Opportunitätskosten des Geldverdienens dar.

Da Deutschland den Euro hat, hat es weder die Vor- noch die Nachteile, die Staaten haben die die eigene Währung behalten haben. Wie erwähnt, hat die Schweiz mit dem Schweizer Franken eine extrem starke Währung. Eine eigene starke Währung kann durch den Umtausch dieser Währung in andere Währungen geschwächt werden. Dies hat die Schweizer Nationalbank getan umso die Wettbewerbsfähigkeit der Schweizer Firmen nicht zu sehr zu gefährden. Was aber tun mit den ausländischen Devisen, die man im Tausch erhalten hat? Die Schweizer Nationalbank hat für diese im großen Umfang Aktien gekauft und konnte binnen eines Jahres (2017) einen Buchgewinn (noch sind die Aktien nicht wieder verkauft) von 54 Mrd. Franken bzw. 46 Mrd. Euro erzielen[253]. In 2018 verlor sie von diesem Gewinn allerdings 14,9 Mrd. Franken[254]. Hätte Deutschland noch die „DM", hätte die Bundesbank möglicherweise ähnlich gehandelt und dann – auf Grund des größeren Volumens – sicherlich höhere Gewinne eingefahren, wenn sie denn spekuliert hätte. Dies hätte sie wahrscheinlich nicht getan oder nicht tun dürfen, weshalb auf die Opportunitätskosten nur hingewiesen wird. Ebenso hätte es zu einem Kurseinbruch an den Börsen mit entsprechend hohen Verlusten kommen können. Dennoch, für die Frage, bringt der Euro nur Nutzen, ist dieser Aspekt für den Hinterkopf, der je Bundesbürger sicherlich über 1.000 € ausgemacht hätte, nicht uninteressant.

[253] http://www.handelsblatt.com/finanzen/banken-versicherungen/schweizerische-nationalbank-54-milliarden-gewinn-durch-die-abwertung-des-franken/20826916.html
[254] https://www.snb.ch/de/mmr/reference/pre_20190304/source/pre_20190304.de.pdf

Schaubild der großen Umverteilung

Im Sinne des vernetzten Denkens, einem Ansatz, mit dem Zusammenhänge auch visualisiert werden können, werden die zuvor genannten Kausalitäten dargestellt. Das + - Zeischen stellen eine positive Wechselwirkung dar, das - - Zeichen eine negative. Von den drei rot beschrifteten Playern Staat, Unternehmen und Bürger erhält der Bürger überwiegend negative Effekte. Eine Ausnahme stellt die Vollbeschäftigung dar, die gleichwohl auch auf niedrigere Löhne zurückzuführen ist.

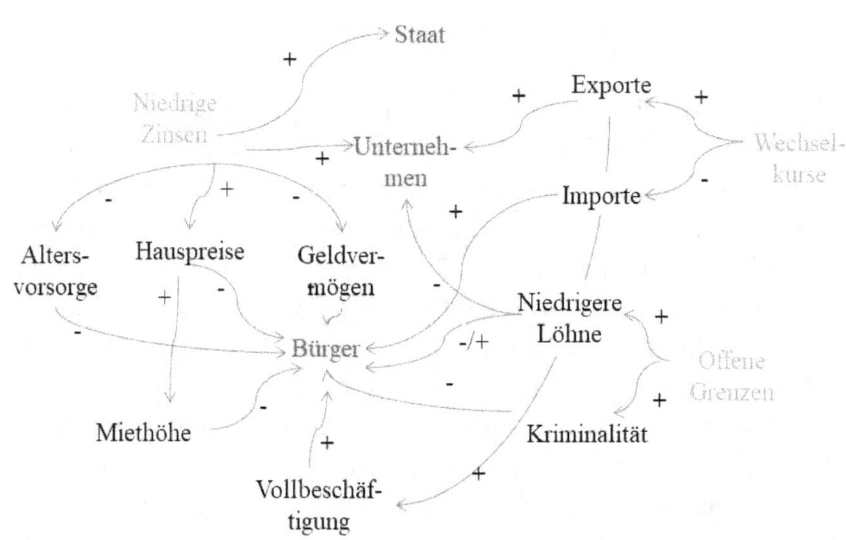

Abb. 40 Schaubild „große Umverteilung"

Eine pauschale Zusammenfassung kann nicht erstellt werden, da die individuellen Gegebenheiten (Alter, berufliche Qualifikation, Wohnungsgröße und Mietvertrag etc.) zu unterschiedlich sind. Bei den erwerbstätigen, reisenden und konsumierenden Erwachsenen dürften sich die verborgenen, d.h. nicht bewussten, Kosten p.a. auf deutlich über 1.000 Euro belaufen – incl. schlechterer Altersvorsorge, gegen die heute bereits mit Zusatzbeiträgen gegengesteuert werden sollte. Einbußen von über 4.000 € sind ebenfalls plausibel.

Die Einbußen erhöhen sich um die im Zusammenhang mit der Thematik anfallenden höheren Steuern (Grunderwerbssteuer etc.). Die regelmäßig zu vernehmende Aussage, die Steuernahmen seien als Folge der guten Wirtschaftslage gestiegen, stimmt somit nur bedingt. Steuern auf die verborgenen Kosten tragen zu den Mehreinnahmen bei. Hierzu gehören auch Mehreinnahmen aus der Einfuhr-/ Umsatzsteuer. Bei einem stärkeren Euro wären die Importe in Euro gerechnet niedriger und damit auch die anteilige Steuer.

Ein EU-Austritt erscheint heute kein Thema zu sein, daher sind die Eventualverbindlichkeiten vernachlässigbar, sofern die gekauften Anleihen werthaltig bleiben. Nicht vernachlässigbar sind die Lohneinbußen, sofern der Leser in Wettbewerb mit Zuwanderern steht.

je Person		pro Monat	p.a.	einmalig
Kosten der	Benzin		135	
schlechteren	Urlaub		183	
Wechselkurse	Importe		808	
	anteilige Einfuhrumsatzsteuer		154	
Finanzvermögen	Staatliche Rente		100	
	Betriebliche Rente	50	600	
	Lebensversicherung	50	600	
	Zinsverlust	34	410	
Immobilienboom	höhere Miete (je Haushalt)	140	1.678	
Eventualverbindl.	Target2-Salden			10.000
	Austritt aus der EU			1.200
	Ramschpapiere der EZB			2.400
∑ grob - vor eigenen Anpassungen			**4.668**	**13.600**

zusätzliche für Personen im Arbeitswettbewerb mit EU-Zuwanderern:

		€/ Monat		
Lohnrückgang	Stundenlohn 3 €/ h?	480	5.760	

Aus der obigen Tabelle lassen sich die eigenen Kosten grob ableiten, wobei ein wenig Fingerspitzengefühl gefragt ist. Denn bei einer vierköpfigen Familie erhöhen sich die Kosten für Benzin oder Wohnung nicht um den Faktor 4, sondern vielleicht um den Faktor 1,5 bis 2 (größere Wohnung, wobei mit dem Einkommen auch bei einem Single i.d.R. die Wohnungsgröße und Belastung je qm wächst). Kinder wiederum haben keine Nachteile aus der Altersvorsorge, wohl aber im gewissen Umfang aus den teureren Importen und Urlauben.

Der sich ergebene Betrag ist heute nur teilweise liquiditätswirksam – die Mindereinnahmen aus Altersvorsorge machen sich erst beim Renteneintritt bemerkbar.

Die erwähnten Kosten des Lohnrückgangs durch Zuwanderer erscheinen zwar hoch, doch verdient – wie dargestellt – ein Schweizer Busfahrer auch kaufkraftbereinigt weitaus mehr als ein deutscher. Dies gilt auch für andere Berufe, z.B. die Krankenschwester.

Plausibilisierung

Wenn der Normalbürger heute im Vergleich zu der Zeit vor der Euro-Krise höhere Kosten in Höhe von rund 3.500 € hat, ergibt sich bei einer Multiplikation mit pauschal 50 Mio. Einwohnern (ärmere Rentner, Kleinkinder, Hartz IV-Empfänger oder Flüchtlinge haben nur einen Teil der Einbußen) ein Wert von etwa 175 Mrd. Euro. Diese 175 Mrd. Euro entsprächen der jährlichen Umverteilung vom Normalbürger an den Staat, die Unternehmen und andere bedeutende Vermögensbesitzer. Dies gilt ist nun als Beleg zu plausibilisieren: Die Zinsersparnis allein des Staates als Folge der Nullzins-Politik beträgt, wie oben mit Verweis auf die Bundesbank dargestellt, 40 Mrd. Euro. Gleichzeitig profitiert der Staat von höheren Grunderwerbssteuern als Folge des Immobilienbooms sowie des zu niedrigen Euros (zusätzliche Einfuhrumsatzsteuer) in Höhe von zusammen über 20 Mrd. Euro (vgl. oben). Sehr grob gerechnet, fließen somit von den 175 Mrd. Euro p.a. rund 60 Mrd. Euro an den Staat (Bund, Länder, Gemeinden).

Eine weitere enorme Zinsersparnis erzielen die Unternehmen, die sich so günstig wie nie zuvor finanzieren können. Bei Unternehmenskrediten in Höhe von 1,4 Billionen Euro[255] und einer Zinsersparnis von gut 3 Prozentpunkten fließen im Zuge der verdeckten Umverteilung 41 Mrd. Euro p.a. an die Unternehmen.

Die einfache Rechnung „höherer Mietaufwand x 20 Mio. vermietete Wohnungen" ergab eine Jahressumme von 33,6 Mrd. Euro, die an die Wohnungsinhaber fließt.

Nicht quantifiziert werden kann der Umsatz, den deutsche Unternehmen im Export dank ihrer objektiv gesehen zu niedrigen Preise erzielen können. Diese sind bekanntlich eine Folge eines Wechselkurses, der für den Euroraum in Summe fair sein mag, nicht aber in Deutschland, das bekanntlich eher mit der Schweiz zu vergleichen ist. Dieser Umsatz wird, wie erwähnt, durch die überteuerten Importe der Verbraucher oder die teureren Urlaube subventioniert.

---

[255] https://de.statista.com/statistik/daten/studie/6798/umfrage/kredite-an-unternehmen-und-selbstaendige/

Von den 175 Mrd. Euro an verdeckten Kosten, die die Normalbürger pro Jahr zu tragen haben, können somit rund 135 Mrd. Euro unmittelbar als Mehreinnahmen der Unternehmen und des Staates sowie der Vermögensbesitzer (Immobilien) nachgewiesen werden:

	Mrd. Euro
Niedrigere Zinsausgaben Staat	40
Zusätzliche Steuereinnahmen	20
Niedrigere Zinsausgaben Unternehmen	41
Höhere Mieteinnahmen Hausbesitzer	34
Höhere Gewinne Firmen durch Export	
Σ	**135**

Die Differenz aus verdeckten Kosten der Bürger (175 Mrd. €) und den dargestellten Gewinnen des Staates und der Unternehmen (135 Mrd. €) beträgt 40 Mrd. €. Dieser Betrag kann zwar nicht exakt dargestellt werden, doch sei hier auf den Anstieg der Körperschaftssteueraufkommen von vormals rund 10 Mrd. € auf nun 33 Mrd. € verwiesen. Die Körperschaftssteuer dient zur Besteuerung der Unternehmensgewinne, die entsprechend um ein Vielfaches gestiegen sein müssen. Der Anstieg kann dabei sowohl auf den Verkauf neuentwickelter Produkte (hier nicht relevant) wie durch Wechselkursvorteilen (werden durch den Bürger durch Wechselkursnachteile – Importe/ Urlaube – bezahlt) erklärt werden. Per Saldo ist somit eine Plausibilisierung der 175 Mrd. € p.a. möglich, wobei es sich nur um Näherungsrechnungen handeln kann. Eine vollständige Übereinstimmung ist zudem deshalb nicht möglich, weil es sich nur teilweise um ein geschlossenes System handelt. Die Zinsersparnis des Einen entspricht dem Mehraufwand des Anderes. Gleiches gilt für die Mieten, die vom einem Player zum nächsten fließen. Auf jeden Fall haben die Unternehmen erhebliche Zusatzgewinn als Folge der besseren Exportmöglichkeiten. Bei den Wechselkurseffekten schaut es aber anders aus. Die Nachteile der Bürger können höher oder niedriger als die Vorteile der Unternehmen sein.

In Summe kann gesagt werden, dass die EU incl. der offenen Grenzen sowie der Euro sicherlich zum Wohlstand Deutschlands maßgeblich beigetragen hat. Diese sehr positive Entwicklung war gleichwohl mit einer Umverteilung verbunden, die in Deutschland stärker als in anderen Ländern ausfiel. Die Osterweiterung in der so realisierten Form hat zudem die Lebensqualität deutlich verschlechtert (Stichwort Wohnungsverknappung qualifizierte Zuzügler/ Kriminalität insbesondere durch gering qualifizierte Zuzügler).

Die Osterweiterung incl. Freizügigkeit wird sich wohl kaum noch rückgängig machen lassen. Die gleichwohl vorhandenen negativen Erfahrungen sollten uns bewusst bleiben, bevor die EU ein weiteres Mal vergrößert wird. Ein „Die Ukraine ist Teil Europas" sieht daher der Autor mehr als skeptisch. Gleiches gilt für einen Beitritt Rumäniens oder Bulgariens zur Euro-Zone wie sie sich Ex-EU-Kommissionschef Juncker gewünscht hat. Ein Beitritt würde den Euro weiter drücken zu Gunsten der Unternehmen in Mitteleuropa und zu Lasten der dortigen Bürger.

Als gravierend kann die Umverteilung von den Bürgern zu Gunsten der Unternehmen bezeichnet werden. Da sich insbesondere die DAX-Konzerne primär im ausländischen Besitz befinden, kann zudem eine Umverteilung von Deutschland ins Ausland festgestellt werden. Je nach Standpunkt kommen die gigantischen Target 2-Forderungen der Bundesbank sowie die Haftungen aus dem EZB-Kauf von Unternehmensanleihen einer Umverteilung gleich, deren Folgen vom Bürger zu tragen sein wird. Dieses Szenario erscheint heute so abstrakt wie wohl 2014 uns das Szenario vom Zuzug von 1 Mio. Migranten nach Deutschland in 2015 oder vormals die rasche Auflösung der Sowjetunion und des Ostblocks an sich erschien.

In der Öffentlichkeit nicht diskutiert werden die Folgen des Brexit im Hinblick Migration. Bei dieser Frage geht es nicht nur um die monetären Kosten, sondern auch um die Frage was passiert, wenn Osteuropäer nicht mehr nach UK ziehen dürfen oder schlimmstenfalls dort lebende abgeschoben werden. Diese Personen werden als neues Hauptziel vermutlich Deutschland nennen – wollen wir das, sind wir darauf vorbereitet? Das Gleiche gilt für die Folgen der Digitalisierung incl. 3D-Druck[256]. Wenn die Bedeutung Osteuropas als „verlängerte Werkbank" Deutschlands abnimmt, werden sich die Arbeitsplatzchancen der dort Lebenden drastisch verschlechtern. Eine zusätzliche Migrationsbewegung, so der Philosoph Daniel Precht, wäre die Folge[257].

Trotz dieser immensen persönlichen Einbußen, die jeder Bürger zu tragen hat, ist das Gros der Menschen unverändert Angela Merkel für die Überwindung der Finanzkrise, die eigentlich nicht stattgefunden hat, dankbar. Als Partner bei der Lösung der damaligen (und weiter versteckt bestehenden) Krise werden Finanzminister Schäuble und der seinerzeitige Chef der Deutschen Bank, Josef Ackermann, angesehen. Maßgeblich unter der Führung von Ackermann wurden obskure Renditeziele ausgegeben („25% Eigenkapitalrendite") und zu deren Erreichen eine auf Bonus-Gier fokussierte Firmenkultur weiterentwickelt und sind Risiken eingegangen worden, die die Bank zu einem langjährigen Sanierungsfall gemacht haben. Nüchtern betrachtet hat er als Chef der Deutschen Bank grandios versagt – die Anschuldigungen nach seinem Abgang wogen schwer[258]. Umso erstaunlicher ist es, dass ihm allgemein und verändert die Kompetenz zugestanden wurde, die Finanzkrise zusammen mit Frau Merkel und Herrn Schäuble gelöst zu haben.

Der mittlerweile 80 jährige Roland Berger, Doyen der deutschen Unternehmensberater, antwortete auf eine Frage der Süddeutschen Zeitung wie denn die EU stabilisiert werden könnte, wie folgt:

---

[256] Addidas will beispielsweise in Geschäften Drucker aufstellen und baut somit Arbeitsplätze in Fernost ab. http://www.spiegel.de/wirtschaft/unternehmen/adidas-bringt-mit-neuer-drucktechnik-3d-schuhe-in-die-serie-a-1142265.html

[257] http://www.handelsblatt.com/my/politik/deutschland/philosoph-richard-david-precht-was-kommt-nach-dem-kapitalismus/20453460.html?ticket=ST-539229-92koAL5eE3RDebXhTK5V-ap4

[258] http://www.deutschlandfunk.de/deutsche-bank-soll-bilanzen-geschoent-haben.769.de.html?dram:article_id=242538

„Die Euro-Krise muss gelöst werden. Das bedeutet entweder eine Transferunion mit massiven Reformen in den Krisenländern oder die Auflösung des Euro."[259]

Auf die Nachfrage „den Euro aufgeben?" antwortete Berger:

„Der Euro ist offensichtlich ein Misserfolg und spaltet Europa. In den romanischen Ländern liegt die Jugendarbeitslosigkeit zwischen 30 und 50 Prozent. (…) Da die relativen Wechselkurse zwischen den Euro-Ländern nicht an deren Wettbewerbsfähigkeit angepaßt werden können, bestehen in der Euro-Zone nicht tolerierbare Verwerfungen zwischen den Mitgliedsstaaten, die Europa spalten."

---

[259] Süddeutsche Zeitung, 04.09.2017

Ethisch-moralische Wertung

Wie zuvor dargestellt, hat der typische Normalverdiener pro Jahr leicht 1.000 €, eher sogar 3.000 € an verdeckten Kosten als Folge des Euro und der EU-Niederlassungsfreiheit zu tragen. Die Netto-Zahlungen Deutschlands an andere EU-Länder sind im Vergleich hierzu vernachlässigbar. Bei den verdeckten Kosten handelt es sich einerseits um Umverteilungen zu Gunsten von Unternehmen und dem Staat, wie auch zu Gunsten anderer Volkswirtschaften.

Zu den Gewinnern zählen sicherlich die osteuropäischen Länder und deren Einwohner, von denen viele entweder direkt in Westeuropa arbeiten oder aber Transferzahlungen ihrer hier arbeitenden Familienangehörigen erhalten. Die positive Entwicklung dieser Länder ist rational betrachtet für einen normalen Bürger wichtiger als die Vermögensmehrung der DAX-30-Aktionäre, die mehrheitlich im Ausland leben. Denn ohne eine positive Entwicklung dieser Länder würde dort wohl Instabilität herrschen und der Migrationsdruck aus diesen Ländern wäre größer. Die von vielen Deutschen zwischenzeitlich als sinnvoll empfundene Sicherung der EU-Außengrenzen durch diese Länder bedingt zudem eine Infrastruktur, die ein bitter armes Land nicht erbringen könnte.

Wichtige osteuropäische Länder wie Polen, Ungarn, Bulgarien oder Rumänien haben ihre eigene Währung behalten (müssen) und haben somit die Wechselkurs-Nachteile vermieden, die die Euro-Länder mit schwächerer Produktivität durch den Beitritt zum Euro erlitten haben. Dies alles hat zu einer insgesamt positiven Entwicklung in diesen (Ost-) Ländern geführt.

Eine positive Entwicklung kann Ländern wie Italien, Spanien, Griechenland oder Portugal erst seit kurzem attestiert werden. In Anbetracht historischer Konjunkturzyklen kann dieser verzögerte und schwache Aufschwung nicht befriedigen. Viele weltweite Konjunkturzyklen haben in der Vergangenheit weniger lange gedauert als der jetzige. D.h. historisch gesehen würde es nicht verwundern, wenn es bald mal wieder bergab ginge. Dann wären aber die Südländer, die sich im allgemeinen Boom kaum verbessern konnte, schwer betroffen. Für Deutschland wären einige Jahre mit Null-Wachstum oder gar leichten Rückgängen vermutlich gut verkraftbar, für Griechenland aber nicht. Insofern steht Deutschland durchaus in der Schuld dieser Länder.

Hinzu kommt, dass die Misere einiger Länder quasi ein Kollateralschaden der EZB-Hilfsaktionen für Deutschland war. Die spanische Immobilienblase, die im Zuge der Finanzkrise 2007/08 platzte, war eine direkte Folge der im Zeitraum 2000-2007 für Spanien viel zu niedrigen EZB-Zinsen. Spanien boomte seinerzeit, während Deutschland mit Massenarbeitslosigkeit und hoher Staatsverschuldung am Boden lag. (Die damals beschlossenen Hartz IV-Reformen waren ja nicht grundlos als Rettungsanker gedacht.)

Vor über einem Jahrzehnt hatten wir somit eine durchaus mit heute vergleichbare Situation: Ein Leitzins (damals 2%[260]), der für einige Länder viel zu niedrig und für andere Länder viel zu hoch war. Nur dass die Länder-Verteilung damals anders als heute war. Die EZB hatte damals auf das Dilemma des einheitlichen Leitzinses hingewiesen:[261]

„Dank der Währungsunion gibt es im Euroraum zwar einen einheitlichen kurzfristigen Zinssatz, doch sind die länderspezifischen Unterschiede im Wachstum der Kreditaufnahme durch private Haushalte auch Ausdruck der heterogenen gesamtwirtschaftlichen Entwicklung in den einzelnen Euro-Ländern. (...)
Während (...) die Preise für Wohnimmobilien in mehreren Ländern (unter anderem in Irland und Spanien) seit 1999 ausgesprochen rasch ansteigen, verzeichnen andere Länder (etwa Deutschland und Österreich) stabile Preise.“

Der Autor der Wirtschafswoche, der rückblickend auf diese Thematik hinwies, nannte – wenn ich mich recht erinnere (habe die Quelle leider nicht archiviert) – einen damals für Spanien fairen Zins von

---

[260] Jahresbericht der EZB 2005, S. 12, abrufbar unter https://www.bundesbank.de/Redaktion/DE/Downloads/Veroeffentlichungen/EZB_Jahresberichte/2005_jahresbericht_ezb.pdf?__blob=publicationFile
[261] Ebd., S. 48 – dort ist auch eine Graphik mit der Immobilienpreisentwicklung nach Ländern zu sehen.

7-8% und für Deutschland eher von 1%. Die spanische Immobilienblase konnte somit nur entstehen weil das Land über mehrere Jahre ein enormes jährliches Zinsdelta (fairer Zins 7% zu EZB-Leitzins von 2% = 5% Zinsersparnis). Die EZB wollte Deutschland helfen und hat somit Spanien und anderen Ländern geschadet. Nun gilt das Gleiche bereits seit Jahren mit den bekannten Begleiterscheinungen (hohe Immobilienpreise, Mieten, Vollbeschäftigung) zu Gunsten der Südländer und zu Lasten Deutschlands.

Deutschland steht damit in der moralischen Schuld gegenüber (zumindest einigen) Südländern. Als „hausinternes" deutsches Problem darf hierbei die Umverteilung betrachtet werden. Wären die Löhne, so wie von vielen „Lobbyisten der Reichen"[262] gefordert, stärker gestiegen, hätte die Mittelschicht nicht so viel verloren.

Etwas Grundlegendes: Wenn die vorherigen Ausführungen akzeptiert werden, d.h. vor der Finanzkrise war der EZB-Einheitszins bereits ein Problem, dann zeigt dies ein Systemproblem auf, durch das niemals eine Harmonisierung innerhalb des Euroraumes möglich sein wird.

(Eine theoretische Frage: Der faire Leitzins für Deutschland wird heute eher bei 6% gesehen – vgl. oben. Wenn wir nun einen Leitzins von 6% hätten, würde dieser wohl den Entwicklungen in den Metropolen entsprechen, denen eine „Abkühlung" sicherlich gut tun würde[263]. Was aber wäre mit ländlichen Regionen, die bereits unter Abwanderung leiden. „Ginge" dann dort nichts mehr? Mir scheint, dass sich die deutschen Regionen zunehmend so unterscheiden wie die Länder in der EU: Hier das reiche München und dort das arme Ruhrgebiet, hier Deutschland und dort Griechenland.)

---

[262] Vgl. oben die Zitate aus dem Umfeld des Bankhauses Metzler, des Vermögensverwalters Floss von Storch oder auch diverser Meldungen in Wirtschaftswoche und Handelsblatt.

[263] Als Unternehmensberater kenne ich in Oberbayern Bauunternehmen, die gar nicht mehr an öffentlichen Ausschreibungen teilnehmen. Grund: Zu viel Arbeit, komplizierte Abrechnungen und Warten auf das Geld. D.h. sie können sich ihre Kunden aussuchen – ein Zeichen für die Übertreibung im Bauwesen. Es gibt zu viele private Baustellen.

Bei Diskussionen über die Entwicklung Afrikas in den sozialen Medien ist regelmäßig zu lesen, dass die Konzerne Afrika ausbeuten. Ein Standardbeispiel ist dann der Verkauf von Wasserrechten an Nestlé. Dies mag stimmen. Wie aber schaut es mit der EU aus? Prof. Sinn, der vormalige IfO-Direktor verweist darauf, dass auf Grund der WTO, der Welthandelsorganisation, zwar in vielen Bereichen Freihandel möglich sei, nicht aber bei landwirtschaftlichen Gütern. Hier herrscht unverändert ein Protektionismus incl. Ausfuhrförderungen. Auf die EU übertragen bedeutet dies, es darf nicht alles von außen in sie eingeführt werden zwecks Schutz der EU-Bauern. Wenn die EU-Bauern aber zu viel produzieren, was eigentlich immer vorkommt, dann wird die Ausfuhr der Waren derart subventioniert, dass sie außerhalb der EU häufig günstiger als in der EU zu kaufen sind. Prof. Sinn hat zwar nicht für den EU-Raum gerechnet, sondern nur global, seine Aussage ist aber dennoch erschreckend und vielsagend:

„Die Entwicklungsländer erleiden durch den Agrarprotektionismus der Industrieländer mehr Verluste, als sie an Entwicklungshilfe bekommen."[264]

So richtig diese Aussage sein wird, sollte doch bedacht werden, dass eine Aufrechnung allenfalls volkswirtschaftlich akzeptabel ist. Selbst wenn die erhaltene Entwicklungshilfe über den Kosten des Protektionismus läge, wäre der Sachverhalt unbefriedigend. Denn das eine hat mit dem anderen nichts zu tun. Zur Veranschaulichung ist das Zitat gleichwohl geeignet.

Korrekterweise und methodisch ist aber auch anzumerken, dass diese Kosten nur dann der EU zuschreiben sind, wenn sie bei supranationalen Ländern nicht anfielen. D.h. was wäre, wenn Deutschland nicht in der EU wäre. Würden wir dann die Ausführung unserer landwirtschaftlichen Erzeugnisse subventionieren oder nicht?

---

[264] Sinn, H.W.: Grenzenlos war gestern, in Wirtschaftswoche 15.12.2017, S. 66

Wie kann die Umverteilung gestoppt werden?

Wie dargestellt, ist der Wechselkurs des Euros zu niedrig für Deutschland (und auch einige weitere EU-Länder wie zumindest für die Niederlande, Luxemburg und die Niederlande) und für die Süd-länder zu hoch. Das Gleiche gilt für den EZB-Leitzins. Ein Stoppen der Umverteilung kann somit wohl nur durch eine Änderung dieser Parameter erfolgen.

Zu Beginn der italienischen Regierungskoalition aus Lega und den Fünf Sterne bestand bei uns die Angst vor einem Austritt Italiens. Dies war m.W. lange Zeit auch der Wunsch sehr rechter deutscher Politiker bzw. der alten Lucke-AfD, die nur konservativ, nicht aber rechtsextrem war. Welche Konsequenzen hätte ein Austritt Italiens aus dem Euro? Die neue italienische Währung (nennen wir sie wie-der „Lira") würde deutlich gegenüber dem automatisch erstarken-den Euro (das schwache Land Italien wäre ja nicht mehr dabei) ab-werten. Da Italiens Staatsverschuldung in Höhe von über 2.300 Mrd. Euro[265] primär oder fast ausschließlich in Euro notiert, würde sie rasant steigen. Denn selbst wenn als erster Wechselkurs 1 Lira = 1 Euro festgelegt würde, käme es bald zu einem Kursrutsch, so die Annahme. Vielleicht läge der neue Wechselkurs dann bei 1,25 Lira = 1 Euro. D.h. die Schuldenlast würde über Nacht um 25% zunehmen. Und da Italien heute – trotz Null-Zinsen – seine Schulden nicht ab-tragen kann, könnte es dies dann in Zukunft erst Recht nicht. Der Nutzen aus den wirtschaftlichen Effekten (höhere Wettbewerbsfä-higkeit im Export und im Tourismus) würden verpuffen.

Sinnvoller für Italien wäre der kurzfristige Vorschlag des – bei Re-gierungsbildung – neuen Finanzminister Italiens: Er forderte den Austritt Deutschlands aus dem Euro. Die neue „DM" würde stark aufwerten und Italien hätte, da seine Schulden unverändert in Euro notieren würden, die gleichen Schulden und unverändert eine ver-besserte Wettbewerbsfähigkeit als Folge des günstigeren Wechsel-kurses. Deutschland hätte entsprechend einen Verlust und noch dazu den Ausfall der Target2-Forderungen zu tragen, denn diese

---

[265] https://de.statista.com/statistik/daten/studie/167737/umfrage/staatsver-schuldung-von-italien/

verfallen quasi bei einem Austritt. Dennoch, vermutlich wäre dies die einzige praktikable Lösung, wie sie auch in der Wirtschaftspresse diskutiert wurde[266].

Da sich die Politiker aber trotz der nun transparenten persönlichen Verluste nicht durchringen werden dies vorzuschlagen, wird alles wie gehabt bleiben: Der Normalbürger verliert von Jahr zu Jahr massiv.

---

[266] https://www.wiwo.de/politik/europa/princeton-oekonom-mody-der-euro-ist-fraglos-ein-misserfolg/22749460.html

Autor

Guido Bruch, 1966 in Duisburg geboren. Studium der Wirtschafts-
wissenschaften in Duisburg und St. Gallen. Seit 1991 in München als
Unternehmensberater für den Mittelstand tätig. Als Geschäftsführer
eines HighTech-Startups zusätzlich stark auf Industrie 4.0 fokus-
siert. Verheiratet, zwei minderjährige Kinder.

Als Unternehmensberater erstellt er Businesspläne mit der Zielsetzung, das Relevante möglichst plausibel und transparent darzustellen. Dies war auch das Ziel beim Schreiben des Buches. Zudem ist er
gewohnt, alles Gehörte oder Erfasste im Hinterkopf zu speichern
um es später ggfs. mit anderen Aussagen zu verifizieren bzw. nach-
zufragen. Sowohl das Schreiben des Buches wie auch die Erstellung
eines qualifizierten Businessplanes ähneln dem Puzzeln.

Zu erreichen unter: gb@umverteilung-schaden.de